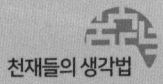
### 지식 습득이 아닌, 다양한 생각들을 체험할 순 없을까?

역사 속에 빛나는 위대한 사상가들은 어떤 생각의 과정을 거쳐 그 결론에 도달했을까요? 『천재들의 생각법』은 사회적기업 인문학카페가 젊은 인문학자들과 함께 오랫동안 준비해 온 어린이 생각 체험 시리즈입니다.

아는 것으로는 부족합니다. '아는 것' 이상의 '체험'이 될 『천재들의 생각법』을 통해 우리 아이들이 다양한 사고의 과정을 직접 체험하고, 이를 토대로 힘껏 도움닫기 하여 생각을 확장해 나갈 수 있기를 소망합니다.

천재들의 생각법 01 논리 체험
# 마노의 인공지능 로봇

찍은날 2017년 12월 26일 초판 2쇄
펴낸날 2018년 1월 5일 초판 2쇄

펴낸이 박현숙
기획·콘텐츠 사회적기업 인문학카페
스토리 임시혁
일러스트 김초롱
편집 김명옥
디자인 표지 정한샘 | 내지 장주훈
마케팅 남궁연 최현석

펴낸곳 인문학카페
주소 경기도 성남시 분당구 성남대로 275 A-403
도서 주문 010-4238-5379
e-메일 yulro355@naver.com
블로그 http://blog.naver.com/yulro355
• 인문학카페는 도서출판 오블리제의 인문 교육 브랜드입니다.

ISBN 978-89-94564-20-3 74100
ISBN 978-89-94564-19-7 (세트)

KC마크는 이 제품이 공통안전기준에 적합하였음을 의미합니다.
제조국 대한민국 | 사용 연령 10세 이상
주의 사항 책장에 손이 베이지 않게, 모서리에 다치지 않게 주의하세요.

이 도서의 국립중앙도서관 출판도서목록(CIP)은 서지정보유통지원시스템
(http://seoji.nl.go.kr)과 국가자료공동목록시스템(http://www.nl.go.kr/kolisnet)에서
이용하실 수 있습니다(CIP 2016019554).

# 마노의 인공지능 로봇

**논리 체험**

사회적기업 인문학카페 콘텐츠 | 임시혁 스토리 | 김초롱 일러스트

인문학 카페

❶ 논리와 논증 [ 로봇이란 무엇일까? ] ·7

❷ 정합 [ 로봇은 동물일까? ] ·22

❸ 삼단 논법 [ 로봇은 거짓말을 할까? ] ·40

❹ 딜레마 논법 [ 로봇은 판단할 수 있을까? ] ·55

❺ 귀납 [ 로봇은 인간보다 뛰어날까? ] ·69

❻ 유비 추리 [ 로봇은 추리할 수 있을까? ] ·84

❼ 가설 추리 [ 로봇도 죽을까? ] ·99

❽ 오류 [ 어느 로봇이 더 뛰어날까? ] ·115

❾ 역설 [ 로봇의 한계는 어디일까? ] ·127

❿ 논리 퀴즈 [ 로봇은 성장할까? ] ·139

「논리 체험」 콘텐츠 의도 · 154
『천재들의 생각법』 기획 의도 · 158

# ❶ 논리와 논증
# 로봇이란 무엇일까?

"나도 이제 어린애가 아니야. 곧 사춘기라고."

힘껏 돌멩이를 걷어찹니다. 삐딱하게 모자를 눌러쓴 마노(Marno)의 머리 위로 햇살이 쏟아져 내립니다. 담장에 핀 꽃들은 싱그럽고, 열어젖힌 창문 안쪽에서는 낮잠에서 깬 갓난아이의 울음소리가 들려옵니다. 평화로운 마을이에요.

＊

가지런한 벽돌 길을 따라 마노가 발걸음을 재촉합니다. 입술을 삐죽이는 걸 보니 단단히 심통이 난 모양이네요. 어른들은 마노가 곧 사춘기에 접어들 나이라고 말합니다. 마노는 사춘기가 뭔지 정확히는 모르지만, 어린아이에서 어른이 되어가는 과정 같은 거라고 들었습니다.

사춘기 소년은 목소리도 굵어지고, 조금씩 수염도 자란다고 해요. 그뿐만이 아니에요. 얼마 전부터는 괜스레 조그만 일에도 짜증이 나거나 마음이 상하고, 친구들과 함께 있는 시간이 가족과 지내는 시간보다 즐겁게 느껴집니다.

내일은 마노의 생일이에요. 사실 마노는 몇 달 전부터 이날을 손꼽아 기다려 왔습니다. 한 살을 더 먹게 되면 달라지는 것이 있을까요? 언제쯤 어른이 될까, 마음이 조급해지는 마노입니다. 발걸음이 더욱 빨라집니다.

마노는 삼촌을 만나러 가는 길입니다.
요즘 들어 부쩍 어른들에게 말대꾸가 심하다는 핀잔을 듣는 날이 많아 마노는 의기소침해 있었습니다. 어른들과 의견 차이가 생길 때도 많아졌고요. 그런 태도가 어른들에게는 자기주장이 강한 고집스러운 아이로 비춰집니다. 버릇이 없다고 꾸중을 들을 때도 있답니다.
하지만 삼촌은 달라요. 어른들의 기준으로 무턱대고 꾸짖는 대신, 마노가 납득할 수 있도록 이유를 설명해 주거든요. 하루라도 빨리 삼촌 같은 어른이 되고 싶은 마노입니다.
그런데 마노는 지금 그 삼촌 때문에 단단히 골이 났습니다.

★

삼촌은 마을 변두리에서 작은 장난감 공장을 운영합니다. 다양한 장난감을 만들어 시내의 장난감 가게로 보내는 일을 하죠. 덕분에 신기한 장난감들이 넘쳐나는 마노의 집은 친구들에겐 부러움의 대상인데요. 바로 그게 요즘 마노의 불만이랍니다. 도대체 뭐가 문제냐고요?
삼촌은 마노의 생일이면 잊지 않고 선물을 주시는데,

벌써 몇 년째 선물이 항상 장난감이라는 거예요. 삼촌이 아직도 자신을 어린애 취급하는 것 같아 기분이 상합니다.

"올해는 삼촌에게 확실히 말씀드려야지. 나도 어린애가 아니라고, 장난감이 필요한 나이는 지났다고 말이야!"

툴툴대며 마노는 마을 어귀의 흙길로 접어들었습니다. 이내 공장 마당을 빗자루로 쓸고 있는 삼촌의 모습이 보입니다. 곧장 삼촌에게 달려가는데요.

"삼촌! 삼촌!"

삼촌이 놀라며 비질을 멈춥니다. 삼촌은 기름때 배인 작업복 바지에 연구원 가운을 입은 다소 우스꽝스러운 복장이에요.

"마노가 여기까지 웬일이니? 내일 집에서 볼 텐데. 아하! 생일 선물이 궁금해서 왔구나?"

"그래요. 내일이 제 생일이에요. 저도 한 살 더 먹게 되는 거죠. 그런데 삼촌은 또 선물로 장난감을 주실 건가요? 하지만요. 장난감은 애들이나 가지고 노는 거라고요!"

"그것 때문에 왔니? 올해는 다른 선물 준비했는데?"

"네? 장난감이 아니라고요?"

뜻밖의 대답에 마노는 어리둥절한데요. 사실 삼촌은 올해 마노를 위해 인공지능 로봇을 준비했습니다.

인공지능 로봇?

마노는 처음 듣는 말입니다. 물론 로봇은 잘 알고 있죠. 그동안 삼촌이 선물로 준 장난감 로봇들이 한 트럭은 될 테니까요. 하지만 인공지능 로봇이 뭔지는 상상이 가지 않습니다.

"인공지능 로봇이라는 건 장난감 로봇과 다른 건가요?"

"겉모습만 보면 장난감 로봇과 비슷한데, 인공지능 로봇은 사람처럼 말을 할 수 있단다."

"로봇이 말을 해요? 로봇이 사람처럼 생각을 한다고요?"

삼촌이 의아해합니다.

"로봇이 말을 한다고 했지, 생각을 한다고는 안 했는데? 왜 말을 한다는 게 곧 생각을 하는 거라고 받아들였니?"

"먼저 생각을 해야 다음에 말을 할 수 있으니까요."

마노의 대답처럼 생각을 먼저 해야 말을 할 수 있는 걸까요? 머릿속에 떠오른 생각을 말로 표현하니까 당연한 것 같은데요. 그런데 머릿속에서 생각은 무엇으로 하나요?

네, 말을 가지고 생각합니다.

그렇다면 혹시 마노의 대답과 반대로, 말을 먼저 알아야 다음에 생각을 할 수 있는 건 아닐까요?

*

"마노 너는 '로봇'과 '인공지능'이라는 단어를 듣고, '로봇'은 생각했지만 '인공지능'은 생각하지 못했어. 왜 그랬을까?"

"그야 지금껏 '인공지능'이라는 단어를 들어본 적이 없으니까요."

"그렇지? 인공지능이라는 말을 몰랐기 때문에, 인공지능이라는 걸 생각할 수도 없었던 거야. 그러면 말을 먼저 알아야 다음에 생각도 할 수 있는 것 아닐까?"

"그래도 저는 생각이 말보다 먼저인 것 같아요."

"그렇게 주장하는 이유를 대 볼래?"

"어…… 이유는 잘 모르겠어요. 그냥 그런 것 같아서요."

"이유도 없이 주장만 하면 어쩌니? 논리가 있어야지."

삼촌은 흘러내리는 연구원 가운을 대충 올리더니 다시 공장 마당을 쓸기 시작합니다. 마노의 얼굴이 조금씩 달아오릅니다.

논리라면 마노도 어디선가 들어본 적 있는 말이에요. 하지만 정확히 무슨 뜻인지는 모릅니다. 그저 삼촌의 핀잔에 부끄러워졌습니다. 스스로 생각해도 이유 없이 무작정 주장만 하는 건 좋은 태도가 아닌 것 같았으니까요.

마노를 곁눈질하던 삼촌이 비질을 멈추고 마노에게 다가옵니다. 그리고는 어떤 주장을 할 때 이유를 말할 수 있어야 논리가 생긴다고 설명을 해줍니다.

그런데 '생각이 말보다 먼저'라는 마노의 주장에 논리가 없다면, '말이 생각보다 먼저'라는 삼촌의 주장에는 논리가 있는 걸까요?

하나의 말만 가지고는 논리가 만들어지지 않습니다. 논리는 '말과 말 사이의 관계'에 대한 것이기 때문이죠.

삼촌은 '근거'와 '주장', 두 개의 말을 가지고 논리를 구성했습니다. 이렇게 근거를 가지고 주장하는 논리를 '논증'이라고 합니다. 논리적으로 증명한다는 뜻이에요. 하지만 마노는 "생각이 말보다 먼저다"라고 주장하면서 이유는 대지 못했습니다. 마노의 주장에는 관계를 맺을 다른 문장이 없었던 거예요.

"그렇구나! 그럼 말이 생각보다 먼저라는 삼촌의 주장이 맞는 거군요."

"왜 그렇게 쉽게 받아들이니?"

"논리가 있으니까요."

"마노, 논리적이라고 해서 무조건 옳은 건 아니란다. 생각이 말보다 먼저라는 주장에도 얼마든지 이유를 댈 수 있어."

"그럼 제 주장에도 논리가 생길 수 있다는 건가요?"

"자, 들어 보렴. 인공지능 로봇이 말을 할 수 있는 건 컴퓨터로 만든 인공지능 때문이야. 인간의 두뇌와 비슷한 거지. 먼저 로봇에 고도의 인공지능을 탑재해서 생각을 할 수 있게 만들면, 그 생각에 따라 로봇이 말을 하는 거야. 어때? 로봇을 보면 생각이 말보다 먼저라는 주장의 이유가 되지?"

마노의 얼굴이 환해지는가 싶더니, 고개를
갸우뚱하는데요.
"어? 말이 생각보다 먼저라는 주장도 논리가 있고, 생각이
말보다 먼저라는 주장도 논리가 있잖아요.
둘 다 논리가 있으면 어느 쪽이 맞는 주장인가요?"
"글쎄다. 네 생각은 어떠니? 정답은 나도 모르겠구나."

\*

삼촌도 명쾌하게 정답을 말해주지는 못합니다. 세상에는
정반대인 두 개의 주장이 모두 논리를 가지고 있을 때가
많거든요. 어른들도 어느 쪽이 맞는다고 확신할 수 없는
반대 논리들이 많답니다.
가령, 이런 것들이죠.
닭이 먼저일까요? 달걀이 먼저일까요?
정답이 무엇인지는 아무도 모릅니다. 하지만 닭과
달걀처럼 말과 생각이 아주 밀접한 관계라는 건 확실하죠.
더욱 분명한 건, 우리는 말을 할 때도 생각을 할 때도 '말'을
가지고 한다는 사실이에요.
우리가 사용하는 말에도 어떤 질서가 있다는 것이고,
그 말과 말 사이의 관계를 따지는 것이 논리입니다. 수의

규칙과 질서를 다루는 수학처럼, 말을 할 때도 일정한 규칙과 방식이 있다는 것이죠. 그리고 그 규칙과 방식을 따를 때 우리는 자신의 생각을 잘 표현할 수 있고, 다른 사람을 잘 설득할 수도 있습니다. 이렇게 논리란 우리가 늘 사용하는 '말에 대한 것'입니다.

# ❷ 정합
# 로봇은 동물일까?

마노는 인공지능 로봇이 빨리 보고 싶어졌습니다. 도대체 어떻게 생겼는지 궁금해서 내일까지는 못 기다리겠어요.
"네 생일은 내일이잖아. 아직 조립이 덜 됐다니까."
"그러니까 지금 조립하면 되잖아요!"
마노가 삼촌의 등을 떠밀며 삼촌의 작업실로 향합니다.

★

작업실 바닥에는 공구함과 벗어 놓은 양말, 한쪽 구석에 쌓아둔 책 등이 잔뜩 어질러져 있습니다. 쓱쓱, 삼촌이 발로 대충 밀쳐놓는데요. 마노의 눈길이 작업실 한쪽에 멈춥니다. 기다란 철제 작업대 위에 머리와 몸통이 분리된 로봇이 누워 있네요. 사람이 수술이라도 받는 듯한 모습인데요. 몸통은 뚜껑이 열린 상태로 내부의 복잡한 기계 장치들이 보이고, 머리는 컴퓨터에 연결되어 있습니다. 마노는 아직도 로봇이 말을 한다는 게 믿기지 않습니다.
"로봇이 진짜 말을 하는지 궁금하면, 마노 네가 직접 로봇에게 말을 걸어서 확인해 보렴."
"그래도 돼요?"
"물론이지, 어차피 네 선물인걸."
안 그래도 마노는 알쏭달쏭하게 생긴 로봇의 성별을

궁금해하고 있었습니다. 로봇이 하는 말에도 논리가 있는지 확인도 해보고 싶고요. 흠! 흠! 목소리를 가다듬은 마노가 소심하게 말을 걸어보는데요.

"로봇…… 너는 남자니? 여자니?"
"저는 남자가 아닙니다. 저는 여자도 아닙니다."

우와!! 로봇이 진짜 말을 합니다. 깜짝 놀란 마노가 호들갑을 피웁니다. 무뚝뚝한 기계음이 라디오를 통해 멀리 있는 사람의 목소리를 듣는 것처럼 느껴지기도 했는데요. 마노는 난생 처음 들어보는 종류의 낯선 목소리였어요.

마노는 뭘 물어봤는지도 잊어버리고, 로봇의 얼굴을 이리저리 살펴봅니다. 사람의 귀처럼 양쪽에 두 개의 커다란 스피커가 있는데, 아마 그걸로 소리를 듣는 것 같았어요.

그런데 로봇의 대답은 좀 실망스러웠습니다.

"에이, 뭐야. 남자도 아니고 여자도 아니라니, 그건 논리적이지 않잖아. 삼촌, 로봇이 하는 말은 논리가 없나 본데요?"

"내가 보기에는 충분히 논리적인 것 같은데? 이 컴퓨터를 보렴. 컴퓨터는 남자니? 여자니?"

"아! 남자도 아니고, 여자도 아니에요."

"그래, 세상에는 남자도 아니고, 여자도 아닌 것들이 많아.
'남자가 아니다'라는 말과 '여자가 아니다'라는 말은
논리적으로 함께 쓸 수 있는 거야."
"그러고 보니 컴퓨터는 동물이 아니라서 남자도 아니고
여자도 아닌 거군요. 그럼 로봇도 동물이 아닌 건가요?
기계이기는 하지만, 로봇은 동물처럼
걷기도 하고 생각도 하잖아요."
"글쎄다. 그것도 네가 직접 물어보지 그러니?"
마노가 로봇에게 다시 말을 겁니다.

"로봇, 너는 동물이니? 동물이 아니니?"
"저는 동물입니다. 그리고 저는 동물이 아닙니다."

마노가 고개를 흔듭니다.
"에이, 그런 말이 어디 있어?
남자도 여자도 아닌 건 있을 수 있어도, 동물이기도 하고
동물이 아니기도 한 건 세상에 없어."
"그래, 마노 네 말이 맞다. '로봇은 동물이다'라는 말과
'로봇은 동물이 아니다'라는 말은 같이 쓸 수 없지."
세상에는 논리적으로 함께 써도 되는 말들이 있고,
함께 쓸 수 없는 말들이 있답니다. 같이 써도
문제가 없는 말들의 논리를 '양립'이 가능하다고 합니다.

나란히 같이 쓸 수 있다는 뜻이에요.
하지만 양립이 불가능한 것들도 있는데요.
함께 쓸 수 없는 말을 함께 쓰는 잘못된 논리를
'모순'이라고 합니다.

이렇게 논리라는 건 사람이 하는 말이든,
로봇이 하는 말이든 상관이 없습니다.
로봇이 하는 말에도 말과 말 사이의 관계가 있으니까요.
　삼촌이 공구함에서 스패너를 꺼내 로봇을 조립하기
시작합니다. 그러면서 생각났다는 듯 마노에게
퀴즈를 하나 내는데요.
마노의 미간이 좁혀지면서 주근깨가
도드라집니다.
마노가 집중할 때의 버릇이에요.

'로봇은 동물이다' 그리고
'로봇은 동물이 아니다'라는 말은 모순이야.
동물이면서 동물이 아닌 건 양립할 수 없으니까.

그런데 '로봇은 동물이다'가 거짓말이라고 하자.
그러면 '로봇은 동물이 아니다'는
참말일까, 거짓말일까?

"정답! 당연히 참말이 되겠죠!"

삼촌이 스패너를 들어 흔듭니다.
정답이라는 뜻입니다.

"아, 알겠어요! 모순이라는 건 둘 중 하나가
거짓말이 되면, 다른 하나는 참말이 되는 거군요!
어? 그런데 삼촌, 뭔가 이상해요. 이번에는 삼촌이 한번 맞혀
보세요."

'로봇은 남자다' 그리고
'로봇은 여자다'라는 말도 모순이에요.
여자이면서 남자인 건
양립할 수 없으니까요.

그런데 '로봇은 남자다'라는 말이
거짓말이라고 해보죠.
그러면 '로봇은 여자다'라는 말은
당연히 참말일까요?

삼촌이 스패너를 번쩍 들며 외칩니다.

"정답! 꼭 그렇지는 않지! 로봇이 남자가 아니라고 해서 반드시 여자라고 단정 지을 순 없으니까. 둘 중 하나가 거짓말이 된다고 해서, 다른 하나가 꼭 참말이 되는 건 아니야."

삼촌이 누워 있는 로봇의 어깨를 가볍게 칩니다. 마노에게 선물로 줄 로봇 역시 남자도 여자도 아니라는 뜻이에요.

이렇게 둘 중 반드시 어느 한쪽만 참말인 모순이 있는가 하면, 양쪽 다 참말이 아닌 모순도 있답니다. 마노는 말들의 관계를 따지다 보니, 생각이 보다 분명해진다는 사실이 신기하기만 합니다.

★

그사이 고개를 푹 숙이고 로봇을 조립하던 삼촌이 난감한 표정을 짓습니다. 한숨을 내쉬더니 몸통에서 톱니바퀴들을 해체하기 시작합니다. 마노가 다가가 보는데요. 마노의 눈에는 장난감 로봇과 다르게 아주 복잡해 보입니다.

"삼촌, 애써 조립했는데 왜 다 해체하는 거예요?"

"잘못 끼운 톱니바퀴가 있어서 수리를 하는 거야."
"그럼 잘못 끼운 것만 바꿔서 끼우면 되잖아요?"
"톱니바퀴는 서로 맞물리기 때문에 하나를 잘못 끼우면, 다음에 끼운 것들도 다 잘못되는 법이야. 그래서 전부 들어낸 다음 처음부터 고칠 수밖에 없지. 논리라는 것도 마찬가지란다."

톱니 두 개가 서로 딱 들어맞는 것과 같은 관계를
'정합적'이라고 합니다. 양립처럼 논리적으로 같이 쓸 수
있는 말들인데, 양립보다 더 밀접한 관계라고 할 수 있어요.
그런데 서로 정합적인 관계라고 해서 두 말이 반드시
옳다는 의미는 아닙니다. 삼촌은 로봇을 조립할 때,
뭔가 잘못됐다는 걸 알기 전까지는 아무 문제가 없다고
생각했을 거예요. 하지만 결국 해체해서 다시 조립해야 하는
상황이 되었습니다. 각각의 톱니바퀴들은 모두
정합적이었지만, 다시 살펴보니 잘못 조립된 톱니바퀴가
있었던 것이죠.

★

삼촌은 톱니바퀴를 전부 들어낸 뒤 다시 조립을
시작합니다. 더욱 신중하게 톱니바퀴들의 자리를 찾아
나갑니다.
"톱니바퀴를 고치는 건 그래도 쉬운 편이란다. 사람의
생각은 더 어려워지지. 우리는 대개 자신의 생각이 맞는다는
강한 확신을 갖고 있거든. 특히 사람마다 자기가 '옳다고
믿는 것'들이 있는데, 새로운 것을 받아들일 때
그 믿음에 잘 들어맞는 것들을 옳다고 받아들이는 경향이

있어."

　삼촌의 말인 즉, 사람들은 자신이 옳다고 믿는 것과 정합적인 것들을 옳다고 생각한다는 이야기였어요. 기존에 옳다고 믿고 있던 것을 기준으로, 그와 어긋나는 것들에 대해서는 옳지 않은 것 혹은 틀린 것이라고 생각해 밀어낸다는 말이었습니다. 마치 우리가 새로운 지식의 옳고 그름을 따질 때, 기존에 알고 있는 지식을 토대로 비교해서 판단하는 것처럼 말이에요.

　자기가 옳다고 믿는 것?

　마노는 자신에게도 그런 것들이 있는지 잠시 생각해 봤어요. 잘 이해가 되지 않았습니다.

★

　마노가 생각에 빠져 있는 사이, 삼촌이 굽은 허리를 펴더니 마노를 보고 환하게 웃습니다.

　"자, 드디어 로봇이 완성됐구나."

　삼촌이 누워 있던 로봇을 일으켜 세웁니다. 작업대 위에 누워 있을 땐 실감이 나지 않았는데요. 어림잡아도 마노의 키와 비슷하고, 제법 사람과 닮았습니다. 그런데 만세라도 부를 줄 알았던 마노는 갑자기 꿀 먹은 벙어리가 됐네요.

막상 커다란 눈으로 자신을 쳐다보는 로봇을 보니, 어떻게 대해야 할지 모르겠다는 눈치에요.

"로봇이 잘 걷는지 어디 한번 시험을 해볼까? 마노, 로봇, 둘 다 따라오렴."

삼촌이 작업실 밖으로 나가고, 마노가 곧장 뒤따라갑니다. 가다 흘끗 돌아보니 로봇이 터벅터벅 따라오고 있네요.

삼촌이 마노와 로봇을 데려간 곳은 돔 모양의 우주 장난감 개발실이었습니다. 늦은 밤이면 삼촌이 혼자

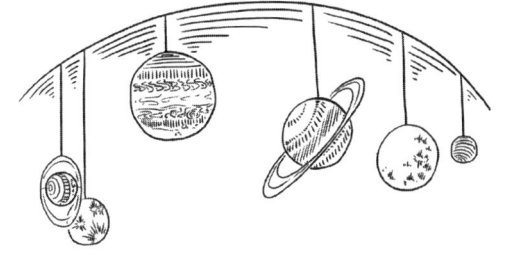

틀어박혀 우주와 관련된 다양한 장난감들을 개발하는 곳이죠.
그럴 때 삼촌은 장난감 공장 주인이라기보다는 영락없는 공학자랍니다.

 이곳은 마노도 몇 번인가 와 본 적이 있어요.
 천장에서 대롱거리는 여러 행성들의 모빌 아래로 다양한 우주 장난감들이 흩어져 있습니다. 당장이라도 우주로 날아갈 것 같은 로켓을 비롯해 우주 비행사와 우주 연료통, 운석, 천체 망원경, 꼬마 인공위성까지…… 우주 놀이터나 다름없네요.

하늘의 움직임은 놀랄 만큼 정교하고 규칙적입니다. 톱니바퀴가 맞물리는 것과는 비교할 수가 없죠. 그 톱니바퀴들을 하나하나 맞춰가는 복잡한 과정을 거쳐 오늘날 우주에 관한 수많은 사실들이 자리를 잡았습니다.

그런데 과거에는 태양이 지구 주위를 돈다고 믿었다는 사실을 마노는 학교에서 배웠습니다. 지구가 우주의 중심이라고 생각했다는 거였어요. 그리고 오늘, 삼촌이 한 가지를 더 알려줬습니다. 옛날 사람들은 천동설이 옳다고 믿었기 때문에, 당연히 천동설과 정합적인 것들도 옳다고 생각했다는 말이었죠.

*

"태양은 동쪽에서 떠서 서쪽으로 져. 하지만 실제로 움직이는 건 아니야. 지구가 서쪽에서 동쪽으로 자전하기 때문에, 태양이 반대 방향으로 움직이는 것처럼 보이는 거잖아. 하지만 과거에 사람들은 태양이 동쪽에서 서쪽으로 실제 움직인다고 생각했단다. 천동설과 딱 들어맞으니까 아무 의심 없이 태양이 움직인다고 받아들였어. 모든 천체가 지구를 중심으로 돈다는 생각 때문에, 눈에 보이는 현상들을 거기에 꿰맞춘 거야."

오늘날 사람들이 보기에는 정말 바보 같은 생각이죠? 하지만 지구가 우주의 중심이라는 생각은 아주 오랫동안 보편적인 진리로 당연하게 받아들여졌어요. 단단한 땅 위에서 살아가는 인간의 입장에서는 하늘이 움직이는 것이 일견 타당해 보였기 때문이죠. 생각해 보세요. 땅은 움직이지 않지만, 하늘에서는 날마다 해와 달과 별이 뜨고 지니까요.

물론 오늘날에도 사람들은 여전히 '해가 뜨고 진다'는 표현을 합니다. 하지만 실제로 태양이 움직인다고 생각하는 사람은 없죠. 지구가 태양을 중심으로 돈다는 지동설이 옳다는 게 밝혀지자, 천동설도 무너지고 천동설과 잘 들어맞던 설명들도 모두 버릴 수밖에 없었으니까요.

★

이렇게 우리는 무엇인가를 옳다고 굳게 믿으면, 그 믿음과 정합적으로 들어맞는 것도 옳다고 받아들이곤 합니다. 하지만 그 믿음이 잘못된 것일 수도 있답니다. 아주 오랫동안 천동설이 옳다고 생각했지만, 실은 잘못된 믿음이었던 것처럼 말이에요.

### ③ 삼단 논법
# 로봇은 거짓말을 할까?

"난 다른 볼 일이 있어서 이만 가봐야 해.
마노 너 혼자 계속 로봇 걸음마 좀 시키렴. 아직은 애란다."

삼촌이 로봇의 머리를 다정하게 한 번 쓰다듬은 뒤
밖으로 나갑니다. 우주 장난감 개발실에는 둘만 덩그러니
남았습니다.

잠시 정적이 흐릅니다. 어색해하던 마노는 로봇과 함께
공장 안을 걸어서 돌아다녀 보기로 합니다. 마노도 공장에
자주 놀러오기는 했지만 구석구석 알지는 못하거든요.

"그래, 로봇! 케일리(Caily)에게 가보자."

마노는 케일리에게 인사도 할 겸, 케일리가 공장 일을 돕는 인형 재봉실로 향합니다.

그 뒤를 로봇이 따라갑니다.

"케일리, 잘 지냈니?"

"마노가 왔구나. 생일 축하해."

"내 생일은 오늘이 아니라 내일인걸."

"그래? 아빠가 네 생일 선물로 만든 로봇과 함께 있길래, 난 또 오늘이 네 생일인 줄 알았네."

"케일리, 넌 참 논리적이구나. 내가 생일 선물인 로봇과 함께 있는 걸 근거로, 내 생일이라고 생각한 거잖아."

마노가 논리에 대해 제대로 이해를 한 것 같군요.

케일리에게 자랑이라도 하고 싶은 모양인데요. 봉제 인형의 몸판에 박음질을 하느라, 케일리는 재봉틀만 돌립니다.

★

사촌 케일리는 마노와 동갑내기에요. 털털한 성격에 매사 의욕은 없어 보이지만, 자기가 해야 할 일은 말없이 다하는 책임감 강한 아이죠.

케일리가 인형 재봉실의 주인이 된 것도 그래요.

누가 시킨 것도 아닌데, 어느 날부터 재봉 의자에 앉더니 말없이 재봉틀을 돌리기 시작했습니다.

케일리의 머리는 헝클어지고, 옷 여기저기 실밥이 묻어 있습니다. 한참 만에야 케일리가 옷을 털며 일어납니다.

"너랑 같이 다니는 걸 보니까 로봇이 완성된 모양이네. 자, 그럼 인공지능 실험을 좀 해볼까?
로봇, 내가 누구지?"

"네, 당신은 케일리입니다."
"좋아! 잘 기억하고 있군."
"아! 사람을 알아보는구나! 로봇, 나는 누구인지 아니?"
"저는 당신의 이름을 모릅니다."

마노는 실망하는 기색이 역력합니다. 이제 자기가 로봇의 주인이 될 텐데, 자기 이름도 모른다니 어쩐지 서운합니다.

"너에 대한 정보는 아직 인공지능에 입력되지 않았구나. 실망하지 마. 내가 도와줄게. 마노, 로봇 앞에 서 봐."
"이렇게?"
"그래, 그대로 서 있어. 그리고 로봇, 지금 네 앞에 있는 사람의 이름은 마노야."
"네, 입력했습니다. 제 앞에 있는 사람은 마노입니다."
"좋아, 로봇. 혹시 마노에 대해 궁금한 거 없니?"
"마노와 케일리는 어떤 관계입니까?"
"나랑 케일리는 사촌이야."
"사촌은 무엇입니까?"
"케일리가 내 삼촌의 딸이라고. 그러니까 나랑 케일리는 사촌인 거야."
"삼촌의 딸과……, 케일리와……, 사촌과………, 마노와……, 이해할 수 없습니다. 입력할 수 없습니다."
"뭐라는 거야?"
"마노, 그렇게 두서없이 말하면 로봇은 입력할 수 없어.

로봇에게는 논리적으로 이야기를 해줘야 인공지능에
입력할 수 있다고. 내가 하는 걸 잘 봐."

마노는 고분고분 말 잘 듣는 동생마냥 케일리가 하는
말을 주의 깊게 듣습니다.

★

"로봇, 이 말을 입력해. '누군가'의 삼촌의 자식은
'누군가'와 사촌이다."

"네, 인공지능에 입력을 완료했습니다.
'누군가'의 삼촌의 자식은 '누군가'와 사촌입니다."

"좋아, 다음은 이 말을 입력해. 마노의 삼촌에게는
케일리라는 자식이 있다."

"네, 입력을 완료했습니다. 마노의 삼촌에게는
케일리라는 자식이 있습니다."

"그래, 입력이 끝난 거야. 마노, 이제 로봇에게
너와 나의 관계에 대해서 물어봐."

"응. 로봇, 나랑 케일리는 무슨 관계지?"

"마노와 케일리는 사촌입니다."

"우와! 로봇이 우리가 사촌인 걸 맞혔어!
이게 무슨 조화지, 케일리?"

"로봇에게는 한 문장씩 알려주는 게 좋아. 그러면 로봇이 그 정보를 입력한 뒤, 논리를 통해 스스로 결론을 내리는 거야."

"여기에도 논리가 있어?"

"그럼! 당연하지."

마노는 이 상황이 신기하기만 합니다.

로봇에게 '삼촌의 자식은 사촌이다', '케일리는 삼촌의 자식이다'라는 정보를 주었을 뿐입니다.

그런데 이 두 문장을 인공지능이 논리적으로 연결해서, 자동으로 '케일리는 사촌이다'라는 결론을 내렸다는 것이 놀랍기만 한데요.

이렇게 빠르고 정확하게 결론을 내릴 수 있는 걸 보면, 인공지능이란 게 대단하다 싶은 마노입니다.

케일리가 마노에게 직접 해보라는 눈짓을 합니다. 기다리고 있던 마노가 재빨리 옆에 놓인 장난감 오뚝이를 집어 듭니다.

★

"로봇, 인공지능에 이 말을 입력해. 인형은 무생물이다."
"네, 입력을 완료했습니다. 인형은 무생물입니다."

"다음으로 이 말을 입력해. 오뚝이는 인형이다."
"네, 입력을 완료했습니다. 오뚝이는 인형입니다."

"질문을 하나 할게. 오뚝이는 생물이니? 무생물이니?"
"오뚝이는 무생물입니다."
"야호! 해냈어! 케일리, 봤니? 역시 로봇은 논리적이라 진실만 말하는군."

로봇이 논리에 따라 정확하게 결론을 밝혔습니다.
아주 놀랍죠? 하지만 사실 로봇의 논리는 생각보다
간단하답니다.

**오뚝이는 인형**이다 ⇨ a는 b다
**인형은 무생물**이다 ⇨ b는 c다
따라서 **오뚝이는 무생물**이다 ⇨ 따라서 a는 c다

만약 앞의 두 문장이 참말이라고 '받아들이면'
결론은 무조건 참말이 됩니다.
여기서 a, b, c에 어떤 단어를 넣어도
결론은 100% 맞습니다.
일종의 공식인데요. 그런데 이
공식에 맞지 않게
단어를 넣으면
문제가 생깁니다.

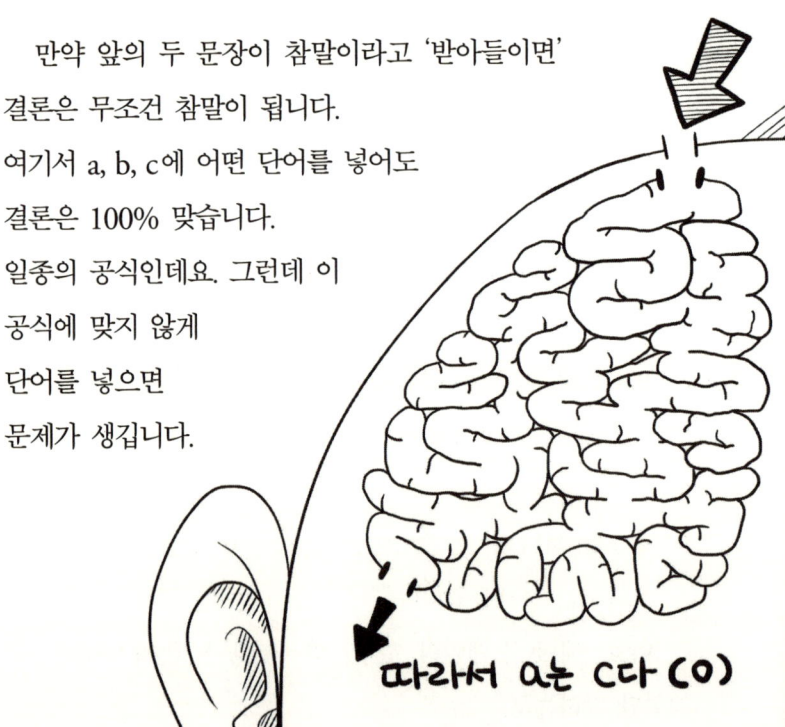

따라서 a는 c다 (O)

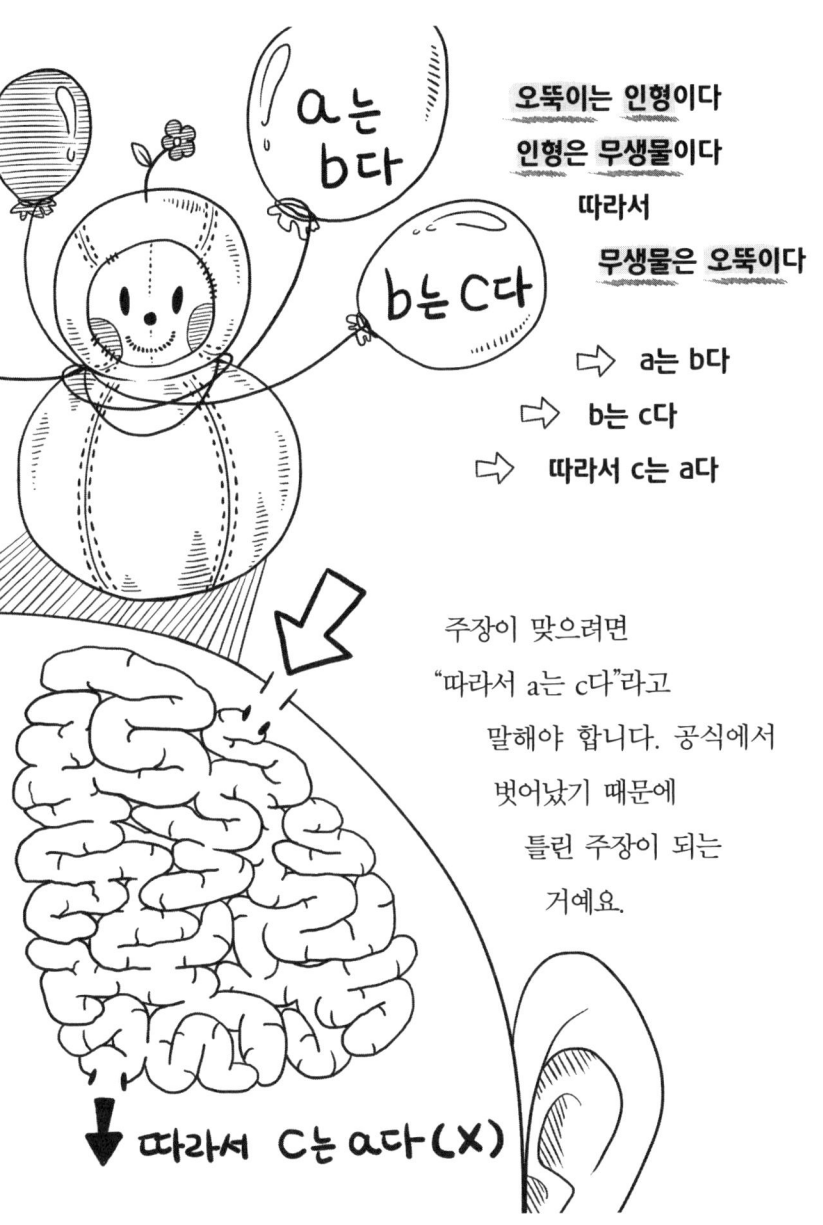

이것을 삼단 논법이라고 합니다. 앞의 두 문장과 마지막 결론 사이의 관계를 다룬 것이죠.

이 공식만 있으면, 마노도 로봇처럼 어떤 결론이든 척척 내릴 수 있겠네요. 또 어떤 결론이 참말인지 거짓말인지 단번에 알아낼 수 있지 않을까요?

사실 마노는 말 잘하는 사람들을 만날 때마다 기죽을 때가 한두 번이 아니었습니다. 마노뿐만 아니라, 누구라도 그럴 수 있어요. 주변을 둘러보기만 해도 현란한 말솜씨를 갖고 있는 사람들이 정말 많으니까요. 문제는 말을 너무 잘하다 보니, 듣는 사람 입장에서는 조금만 주의를 기울이지 않으면 속아 넘어가기가 쉽다는 거예요.

그래서 누가 어떤 말을 근거로 어떤 결론을 내릴 때, 그 결론이 100% 맞는지 주의를 기울이게 되었습니다. 아예 말을 수학처럼 다루어서 식을 만들었죠. 그렇게 해서 생겨난 것이 삼단 논법입니다. 이렇게 공식을 만들어 놓으면, 어떤 사기꾼이 몰래 속이려고 해도 속아 넘어가지 않을 거라고 생각했던 거예요.

삼단 논법은 연역 논증의 한 종류입니다. 연역은 전제를 '받아들이면', 그것을 토대로 결론도 100% '받아들일 수밖에 없는' 논증 방식인데요. 삼단 논법은 두 개의 근거를 토대로 결론을 내리는 연역 논증에 해당합니다.

그나저나 마노는 로봇이 논리적이라 진실만 말한다고
생각하고 있네요. 로봇이 거짓말을 한다는 게 상상이 가지는
않는데요. 로봇은 과연 거짓말을 할까요?

★

"로봇이 논리적이라고 해서 진실만 말하는 건 아니야."
"무슨 소리야? 아까 너랑 내가 사촌이라는 것도 맞혔고,
지금 오뚝이가 무생물이라는 것도 맞혔고, 다 진실이잖아."
"그건 논리에 필요한 정보들이 진실이었기 때문에,
결론도 진실이었던 거야. 만약에 주어진 정보가 거짓이라면,
로봇은 논리에 따라 거짓을 말해."
"논리에 따라 거짓말을 하다니?"
케일리가 옆에 있던 곰 인형을 집어 듭니다.

"잘 봐. 로봇, 이 말을 입력해. 곰 인형은 장난감이다."
"네, 입력을 완료했습니다. 곰 인형은 장난감입니다."

"이 말도 입력해. 장난감은 살아 있다."
"네, 입력을 완료했습니다. 장난감은 살아 있습니다."
"그래, '곰 인형은 장난감이다', '장난감은 살아 있다',

그래서 너의 결론은 뭐지?"

"결론, '곰 인형은 살아 있다'입니다."

"케일리, 알겠어! 주어진 정보에
'장난감은 살아 있다'는 거짓말이 있으니까, 결론도 거짓말이
나오는구나."

"그래, '장난감은 살아 있다'는 결론이 논리적으로는
맞는 거야. 하지만 실제로는 거짓이지."

거짓말이 들어갔는데 왜 논리적이냐고요?

삼단 논법은 말과 말 사이의 '관계'만 따지니까요.

'곰 인형은 살아 있다'는 결론은 명백한 거짓말이지만,
삼단 논법, 즉 연역 논증은 그 말이 참인지 거짓인지는
중요하지 않습니다. 중요한 건 이 문장을 참이라고
'받아들인다면', '곰 인형은 살아 있다'는 결론도 무조건
도출된다는 거예요.

★

"무슨 뜻인지 알 것 같아. 실제로 참말인 것과 논리적으로
참말인 건 다르구나. 실제로 거짓말인 것과 논리적으로
거짓말인 것도 다르고."

"옳지, 우리 마노가 많이 똑똑해졌구나. 귀여운걸."

"넌 나를 마치 꼬마처럼 대하는 것 같아.
기분 나쁠 때가 있어."

"꼬마처럼 대하면 어때? 어차피 너는 내 부하인걸."
"내가 왜 네 부하야?"
"기억이 안 나는 모양인데, 기억나게 해주지. 따라와."
"싫어! 내가 왜 너를 따라가야 해?"
"부하 주제에 어디서 말대꾸야? 네가 내 부하라는 증거를 보여줄 테니까 잔소리 말고 따라오기나 해!"

마노가 단단히 약이 올랐습니다. 마노와 케일리, 둘 사이에는 무슨 일이 있었던 걸까요?

### ④ 딜레마 논법
# 로봇은 판단할 수 있을까?

 케일리가 마노와 로봇을 데려간 곳은 아날로그 게임 개발실이었습니다. 테이블용 축구 게임기와 핀볼, 다트 판, 보드 게임 같은 아날로그 오락기들이 가득합니다.
 "마노 너, 여기서 꼼짝 말고 기다리고 있어."
 케일리는 곧장 벽 쪽의 서랍 문을 열더니 무엇인가를 찾기 시작합니다. 마노는 전혀 짐작 가는 게 없다는 듯 딴청을 피우며, 축구 게임기의 손잡이를 이리저리 움직여

보는데요. 쇠막대기에 매달린 인형들이 뱅그르르 돌아갑니다. 마노네 집에서도 크리스마스이브가 되면, 케일리네와 함께 가족 대항전을 펼치기도 했던 추억의 게임기에요.

잠시 뒤 케일리가 마노에게 낡은 체스 게임 세트를 내밉니다. 게임 말판 뒤에는 마노의 글씨가 분명한 계약서 한 장이 붙여져 있었는데요. 케일리에게 체스 게임을

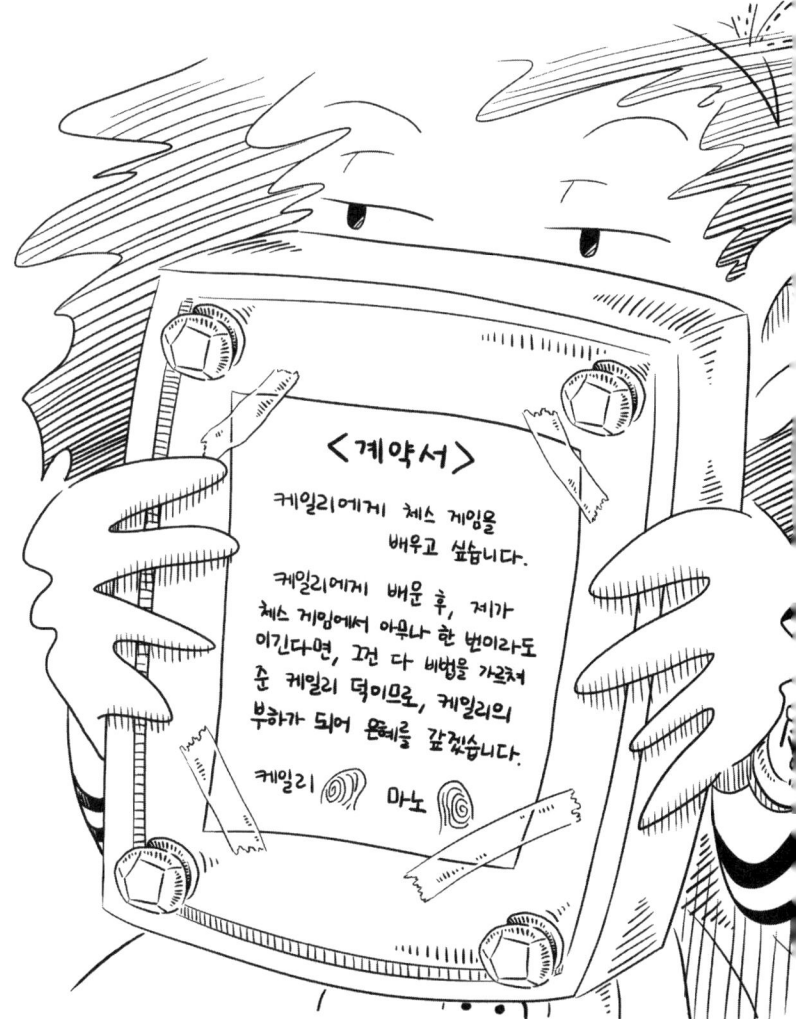

배운 후 아무나 한 번이라도 이긴다면, 케일리의 부하가
되어 은혜를 갚겠다는 내용이었습니다. 떡하니 마노의
지장까지 찍혀 있었습니다.

*

지난해 어느 날의 일이었어요.
당시 삼촌의 장난감 공장에서 만든 체스 게임 세트가
마을 아이들 사이에서 크게 유행을 했습니다. 아이들이
둘 이상 모였다 하면 체스 게임을 했고, 금세 그 주변은
구경하는 아이들로 발 디딜 틈이 없을 정도였죠.
마노가 빠질 리 없었습니다. 게임이 시작되기 전, 모든
말들이 각자의 위치에 정렬되어 있을 때까지만 해도 누구든
이길 수 있다는 자신감으로 넘쳤습니다. 하지만 첫 말이
움직이는 순간, 마노의 체스 판은 혼돈에 빠져버리고
말았습니다. 자기 말의 움직임과 상대편의 반응에 대한
모든 가능성을 생각한다는 게 마노에게는 어렵기만 했던
것이죠. 번번이 지고 말았습니다.
마노의 체스 실력이 형편없다는 것은 아이들 사이에서는
공공연한 '사실'이 되었습니다. 이런 마노와 달리, 케일리는
학교에서 열린 체스 대회에서 선생님들까지 꺾고 우승해

챔피언이 되었지요.

그날도 마노는 친구들과의 체스 게임에서 어김없이 지고 말았습니다. 케일리는 한쪽에서 팔짱을 낀 채 마노가 게임하는 모습을 지켜보았어요. 그러더니 모든 체스 게임이 끝나고 어깨가 축 쳐져 집으로 돌아가는 마노를 조용히 불렀습니다.

케일리가 이야기를 꺼낸 것은 체스 게임에서 이길 수 있다는 필승의 비법! 그 비법만 있으면 마노도 게임에서 이길 수 있다는 말이었습니다.

마노의 눈이 번쩍! 뜨였습니다. 비법을 알려달라며
케일리에게 필사적으로 매달렸는데요. 케일리는 무슨
속셈인지 마노의 청을 몇 번이고 거절했습니다.
 '비법을 안 알려줄 거라면 대체 이야기는 왜 꺼냈담?'
 마노는 치사해서 홱 돌아서고 싶었지만 꾹 참았습니다.
그만큼 체스 게임에서 이기고 싶은 마음이 간절했기
때문이죠. 그러다 결국 두 사람이 합의한 지점이 체스
말판 뒤에 마노가 쓴 계약서였던 것입니다. 케일리는
'이 비법은 너만 알고 아무에게도 알려주지 말라'고
신신당부한 후 비법을 가르쳐줬습니다.

★

 "이걸 보고도 기억이 안 난다고는 못 하겠지? 마노
너는 내 부하야."
 "물론 기억나. 케일리 너한테 체스의 비법을 배운 것도
인정해. 하지만 그렇다고 내가 네 부하가 되는 건 아니거든.
조건이 있었잖아. 일단 내가 너에게 배운 비법을 사용해
체스 게임에서 아무나 한 번이라도
이겨야만 네 부하가 되는 거야."

그런데 어찌된 일인지 케일리에게 체스 비법을 배운 후에도 마노가 이겼다는 소식은 들리지 않았습니다. 그렇다고 졌다는 소식도 들리지 않았는데요. 대신 마노는 친구들 사이에서 새로운 별명 하나를 얻었습니다. 일명 '훈수꾼 마노'.

케일리에게 체스의 비법을 배운 마노는 기고만장했습니다. 체스 게임을 구경하며 훈수를 두고는 했는데요. 매번 지기만 하는 마노의 훈수를 친구들이 달가워할 리 없었습니다. 불쾌해할 정도였죠. 하지만 이내 친구들도 마노의 실력이 보통이 아님을 알게 됐습니다. 그런데 이상한 건, 마노가 옆에서 훈수만 둘 뿐 정작 본인이 체스를 두는 일은 없었다는 거예요. 무슨 꿍꿍이였을까요?

맞아요. 아무에게나 체스에 이긴 후 케일리의 부하가 되기는 싫었던 것이죠.

★

마노가 체스 실력자로 소문이 나면서, 아이들 사이에서는 온갖 추측이 떠돌았습니다. 챔피언 케일리와 훈수꾼 마노가 맞붙는다면 누가 이길지 모두가 궁금해했는데요. 한술 더 떠 마노는 자신이 챔피언 케일리도 이길 수 있다며,

'만일 내가 케일리한테 진다면 케일리의 부하가 되겠다'는 '맹세'까지 하고 다녔습니다.
케일리로서는 배은망덕이 따로 없었죠.

그런데 정작 케일리가 한판 붙자고 제안할 때면 이런저런 핑계로 빠져나가는 통에, 결국 두 사람의 대결은 흐지부지되면서 아이들의 관심에서 잊혔습니다.

"네가 체스 게임에서 나한테 지면 내 부하가 되겠다고 맹세한 건, 계약서는 없지만 수많은 증인들이 있어."

"그래도 난 케일리 너의 부하가 아니야. 왜냐하면, 난 너와도 체스 게임을 안 할 거거든. 그러니까 너한테 이길 일도 없고, 질 일도 없어."

"아니. 네가 다른 사람과 체스 게임을 하건 말건, 넌 어차피 이미 논리적으로 나의 부하야. 그러니 너랑 나는 체스 게임을 할 필요도 없는 거야."

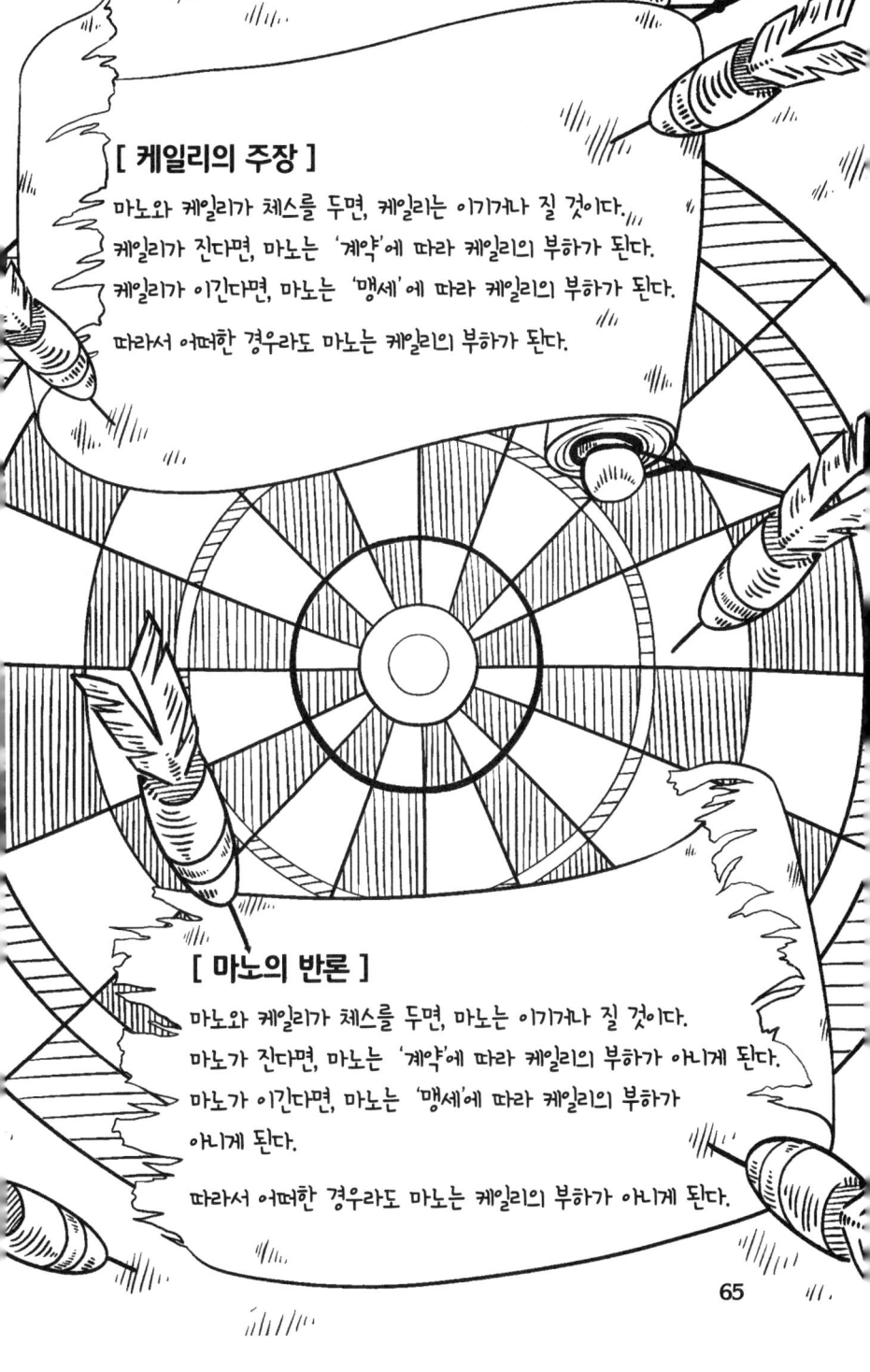

마노가 이런 일에는 머리가 잘 돌아가는 것 같죠? 누구의 말이 맞는다고 생각하나요? 케일리의 입장에서 들으면 마노는 꼼짝없이 케일리의 부하가 되어야 하고, 마노 입장에서 들으면 마노는 절대로 케일리의 부하가 아닌 것 같은데요.

이렇게 둘 중 하나를 선택해야 하는데 어느 쪽을 택해도 좋지 않은 결과가 나오면, 우리는 이러지도 저러지도 못하는 상황에 처합니다. 그런 상황을 '딜레마에 빠졌다'고 말합니다.

그런데 상대방을 딜레마에 빠지게 만들면서 주장을 펼치는 방식이 있어요. 마노와 케일리는 각각 '내가 이기거나, 네가 이기거나'라는 둘 중 하나의 상황이 펼쳐질 수밖에 없도록 설정하고 논리를 전개해 나갔습니다. 그 결과 상대방이 딜레마에 빠질 수밖에 없는 결과를 도출하고 있는 것이죠.

이것을 딜레마 논법이라고 합니다. 근거가 세 개, 결론이 하나인 논증 방식인데요. 연역의 한 종류이기 때문에, 근거들이 맞는다면 마지막 결론도 무조건 맞게 됩니다.

재미있는 것은 케일리와 마노가 똑같은 딜레마 논법으로 서로 정반대의 주장을 하고 있다는 거예요. 둘 다 자신에게 유리한 결과가 나오게 이야기하고 있는 것이지요.

자, 누구의 손을 들어주는 게 좋을까요? 마노와 케일리는 이 논쟁의 최종 판단을 로봇에게 맡기기로 합니다.

[ 로봇의 심판 **부정** ]

저는 케일리가 옳다고 판단하거나,
마노가 옳다고 판단할 것입니다.
케일리가 옳다고 한다면,
마노는 저를 미워할 겁니다.
마노가 옳다고 한다면,
케일리는 저를 미워할 겁니다.

그래서 저는 어떤 판단을 내려도
미움을 사게 될 불행한 로봇입니다.

[ 로봇의 심판 **긍정** ]

저는 케일리가 옳다고 판단하거나,
마노가 옳다고 판단할 것입니다.
케일리가 옳다고 한다면,
케일리는 저를 좋아할 겁니다.
마노가 옳다고 한다면,
마노는 저를 좋아할 겁니다.

그래서 저는 어떤 판단을 내려도
사랑받게 될 행복한 로봇입니다.

말을 마친 로봇의 머리에서 연기가 피어오르기
시작합니다. 인공지능에 과부하가 걸려 과열된 것입니다.
"아악!!"
깜짝 놀란 마노와 케일리가 동시에 비명을 지릅니다.
물이라도 끼얹어 열을 식혀야 하는 게 아니냐며
호들갑 떠는 마노를 케일리가 진정시킵니다.
"마노, 이러다간 로봇이 고장 나겠어. 일단 휴전이야."
두 사람은 언쟁을 멈추고 나중을 기약합니다.

**5** 귀납
# 로봇은 인간보다 뛰어날까?

"로봇이 아무리 논리적이라고 해도, 결론을 못 내리는 경우도 있구나."

"아직은 기술이 부족해서, 로봇의 인공지능은 인간의 두뇌보다 나쁘거든."

"아휴! 깜짝이야! 삼촌, 언제 오셨어요?"

"너희들 비명 소리를 듣고 왔지."

삼촌이 로봇의 머리를 이리저리 살펴봅니다.

"다행히 고장은 아니구나."

"그런데 삼촌, 로봇이 논리적이라면 어떤 경우라도 결론을 내릴 수 있어야 하지 않나요?"

마노의 질문에 케일리가 끼어듭니다.

"아직은 한계가 있어서 그래. 마노 너도 아까 봤잖아. 인공지능에 거짓 정보를 입력하면, 거짓 결론이 나오는 걸."

"그렇지. 실제로 참말인지, 거짓말인지를 판단하는 건 여전히 인간의 힘이 필요해. 또 인공지능의 기계적 논리만으로는 결론을 내릴 수 없는 경우가 있거든. 아, 그래! 오늘 마노 네가 삼촌을 찾아온 이유가 뭐였는지 한번 잘 생각해 보렴."

"예? 그게 무슨 상관인데요?"

★

생각해보나 마나. 마노는 삼촌이 내일 또 선물로 장난감을 줄 게 뻔하니까 따지러 왔습니다. 지난 3년 동안의 경험으로, 올해 생일에도 삼촌이 장난감을 선물할 게 분명하다고 생각해서 내린 결론이었어요. 몇 번 반복된 사례를 가지고 모든 것이 그럴 거라고 결론짓는 '일반화'를 한 것입니다. 일반화는 삼단 논법과 다르게, 앞의 말이 맞아도 결론이 반드시 맞는다는 보장은 없답니다. 실제로 삼촌은 올해 장난감이 아닌 인공지능 로봇을 선물했으니까요.

마노는 일반화라는 건 오류가 있고 틀릴 수도 있기 때문에, 논리적이지 못하다고 생각합니다. 이런 게 왜 필요할까요?

사람들은 누군가 어떤 말을 하고 또 다음 말을 이어서 할 때, 속지 않기 위해 주의를 기울였습니다. 그래서

연역 논증을 생각해냈죠. 삼단 논법 같은 공식까지 만들었습니다. 그런데 이렇게 근거를 토대로 '100%' 옳은 결론만 말하라고 하면, 정말 아무 문제가 없는 걸까요?

★

의아해하는 마노를 본 삼촌이 질문 하나를 던집니다.
"얘들아, 내일 태양이 어느 방향에서 뜰까?"
"그건 왜요? 당연히 동쪽에서 뜨겠죠."
"아마 그렇겠지? 그런데 로봇도 그렇게 생각할지 궁금하네. 얘야, 로봇. 7일 전 태양이 동서남북 중 어느 방향에서 떴지?"
"동쪽에서 떴습니다."
"6일 전에는?"
"동쪽에서 떴습니다."
"그럼 5일 전, 4일 전, 3일 전, 2일 전, 1일 전에는 태양이 어느 방향에서 떴지?"
"모두 동쪽에서 떴습니다."
"좋아. 그러면 내일은 태양이 어느 방향에서 뜰까?"
"알 수 없습니다. 관련 정보가 부족하여 결론을 내릴 수 없습니다."

우리는 계속 동쪽에서 태양이 떴다면, 내일도 당연히 동쪽에서 뜰 거라고 생각합니다. 하지만 혹시라도 오늘 밤 태양이 폭발해서 사라진다면 어떨까요? 내일은 동쪽에서 뜰 수 없겠죠. 말도 안 되는 말이지만, 그럴 가능성도 아예 없는 건 아닙니다. 그래서 로봇은 결론을 내리지 못한 거예요. 인공지능은 100% 완전한 논리가 아니면 결론을 내리지 못하거든요.

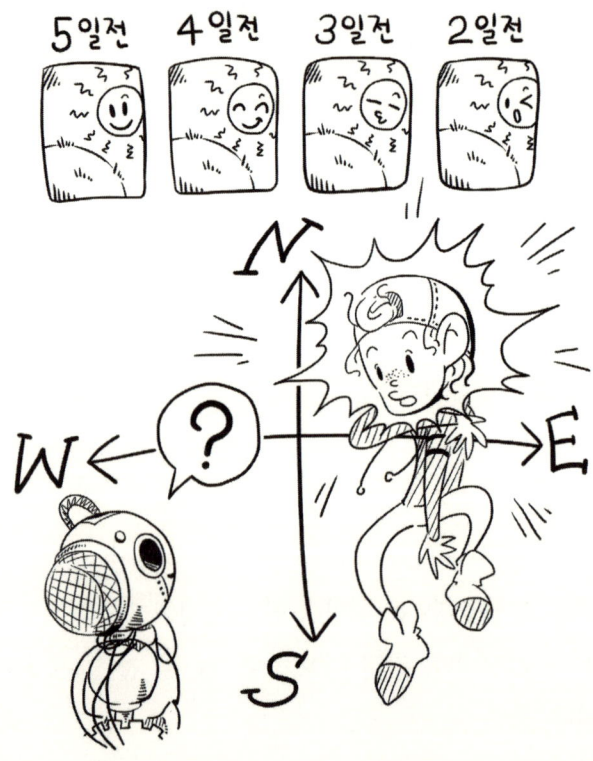

하지만 수십억 년 동안 멀쩡하던 태양이 오늘 밤 갑자기 폭발하지는 않을 것 같죠? 100% 논리적이지는 않더라도, 내일도 태양이 동쪽에서 뜰 거라는 결론은 충분히 현명한 것입니다.

이렇게 근거를 토대로 '100%' 맞는 말만 하려고 하면, 우리는 오히려 현명한 결론을 내리지 못할 수도 있습니다. 그래서 사람들은 연역 논증 말고 귀납 논증을 생각하게 되었습니다. 연역 논증처럼 100%는 아니지만, 충분히 설득력 있는 결론을 내리는 논증 방식을 '귀납'이라고 합니다. 일반화는 귀납의 한 종류인 것이죠.

그리고 그렇게 현명한 결론은 인간만이 내릴 수 있습니다. 인간은 과거의 경험과 일반화를 통해 내일도 동쪽에서 태양이 뜬다고 결론 내릴 수 있는 거예요.

★

"하지만 현재 인공지능의 한계가 그렇다는 얘기야. 앞으로 로봇이 발달하면 인간의 두뇌와 더 비슷해질 테고, 그러면 일반화를 할 수 있는 날이 오지 않을까?"

삼촌의 말대로 미래에 인간과 로봇이 더욱 비슷해지고, 그러다 로봇이 인간의 능력을 넘어서게 되면 어떻게 될까요?

마노는 로봇을 뚫어져라 봅니다. 로봇의 커다란 눈동자에 자신의 얼굴이 비치자, 어딘가 모르게 오싹한 기분이 들면서 무서워지는 마노입니다.

"다들 따라와 봐. 재미있는 걸 보여줄게."

삼촌은 일행을 데리고 장난감 공장의 다른 방으로 이동합니다. 다양한 퍼즐 완구들로 가득한 퍼즐 공장이에요. 삼촌이 퍼즐 하나를 들어 보입니다.
　"퍼즐은 논리와 비슷한 거란다. 들어맞는 조각들끼리 끼워 맞추다 보면, 100% 완전한 모양으로 퍼즐이 완성되지. 그런데 일반화는 보통 퍼즐과는 달라. 들어맞는 조각들끼리 끼워 맞추기는 하지만, 완벽하게 완성할 수 없는 퍼즐이라고 할까?"
　"완성할 수는 없는 퍼즐이라니, 알쏭달쏭하네요."

　삼촌은 작업대 주위로 케일리와 마노, 로봇을 불러 모읍니다. 작업대 위에는 다양한 동물 퍼즐들이 놓여 있어요. 완성된 제품이 아니라, 만들다 만 실험작들이라 밑판이 없습니다. 일부분만 끼워 맞춰져 있는 미완성이지만, 전체적으로 어떤 동물이 그려져 있는지 알아볼 수는 있는데요. 삼촌은 그 가운데 낙타, 코끼리, 표범의 미완성 퍼즐을 차례대로 로봇에게 보여주며 세 가지 정보를 입력합니다.
　"낙타는 동물이야. 그리고 낙타는 언젠가 죽어. 코끼리는 동물이야. 코끼리도 언젠가 죽어. 표범은 동물이야. 표범은 언젠가 죽어."

이 세 가지 동물에 대한 정보를 가지고 어떤 결론을 내릴 수 있을까요?

삼촌은 마노에게도 결론을 내보라고 말합니다. 마노와 로봇이 각각 어떤 결론을 내릴지 케일리가 흥미롭게 지켜보는데요. 마노는 별로 어렵지 않다는 듯 금방 답을 내놓습니다.

"제 결론은 '모든 동물은 언젠가 죽는다'는 거예요."

"마노가 내린 결론 잘 들었지? 그렇다면 로봇, 세 가지 정보를 가지고 넌 어떤 결론을 냈니?"

"관련 정보가 부족하여 결론을 내릴 수 없습니다."

"왜 모든 동물은 죽는다는 결론을 못 내리지? 어떤 정보가 더 필요한 거니, 로봇?"

"원하는 결론이 '모든 동물은 죽는다'입니까? 그러면 사자가 죽는지 정보를 입력해 주십시오. 독수리가 죽는지 정보를 입력해 주십시오. 고등어가 죽는지 정보를 입력해 주십시오. 지구 상의 모든 동물들이 죽는지 하나도 빠짐없이 정보를 입력해 주셔야 정확한 결론을 내릴 수 있습니다."

"어휴! 지구 상의 그 많은 동물들을 언제 다 입력하니? 낙타, 코끼리, 표범 같은 세 가지 동물들이 죽는다는 정보를 가지고, 다른 동물들도 다 죽는다고 예상할 수 있어야지."

이때 케일리가 끼어듭니다.

"마노. 로봇 편을 드는 건 아니지만, 나도 낙타, 코끼리,

표범, 세 가지 동물이 죽는 것만 가지고 지구 상의 모든
동물이 죽는다고 판단하기에는 성급한 것 같아.
네 말대로 지구에는 그렇게 많은 동물들이 사는데,
좀 더 정보가 있어야 하지 않을까?"

"케일리의 말도 일리가 있지. 모든 퍼즐 조각을 다 맞추지 않더라도, 어떤 그림인지는 짐작할 수 있어. 그게 인간의 두뇌야. 하지만 너무 적은 부분만 맞추고 성급하게 어떤 그림인지를 맞히려고 하면, 잘못된 결론을 내릴 가능성도 그만큼 커질 테니까."

삼촌의 말을 듣고 난 마노가 슬쩍 케일리를 봅니다. 사실 마노도 케일리를 처음 봤을 때 몇 가지 행동을 보고 '케일리는 이런 아이'라고 생각해버린 적이 있었거든요. 하지만 지금 마노에게 '케일리는 이런 아이기도 하지만, 저런 아이'이기도 합니다. 케일리에게 다른 면도 있다는 것을 알게 됐으니까요. 케일리의 전부를 판단하기란 불가능하죠. 어쨌든 주어진 정보들이 결론을 내리기에 '충분한 양'이어야 한다는 점은 분명한 것 같죠?

그런데 마노는 아직도 뭔가 흡족하지 않은 모양이에요.

★

"세 가지 동물이 죽는다는 정보가 너무 적다면, 도대체 정보가 얼마나 있어야 충분하다고 할 수 있는 거지?"

"음…… 마노, 적어도 백 가지 이상의 동물에 대해서는 정보가 필요하지 않을까? 그 정도는 돼야 '모든 동물은 언젠가 죽는다'고 자신 있게 결론 내릴 수 있지 않겠어?"

로봇은 지구 상의 모든 동물에 대한 정보가 있어야 충분하다는 것이고, 케일리는 백 가지 이상의 동물에 대한 정보가 있어야 충분하다고 합니다. 그에 비해 마노는 세 가지 정도면 충분하다고 생각했습니다. 저마다 기준이 다르네요.

이렇게 정확한 기준은 없습니다. 그렇기에 언제라도 다른 정보가 나오면 결론은 반박될 수도 있는 것이지요.

## 6 유비 추리
# 로봇은 추리할 수 있을까?

"아얏! 깜짝이야!"

마노는 정신이 번쩍 듭니다.
"케일리! 왜 옆구리는 찌르고 그래?"
"두 번이나 불렀는데 네가 못 듣고 멍하니 있으니까."
"마노가 뭔가 깊이 생각에 빠져 있더구나. 무슨 생각을 그렇게 골똘히 했니?"
"삼촌, 사람은 정말 신이 만든 걸까요?"
뜻밖의 질문에 삼촌이 흥미롭게 마노를 봅니다. 옆에서는 케일리가 목젖이 보이도록 웃어대는데요.
"갑자기 왜 안 어울리게 거창한 고민을 해?"
멋쩍어진 마노가 대답합니다.

"아니, 오늘 보니까 로봇이라는 게 정말 복잡하고 똑똑하잖아. 그런데 로봇은 삼촌이 만든 거고. 하지만 로봇의 인공지능이 아무리 대단해도 아직 인간의 두뇌보다는 부족해. 로봇처럼 복잡하고 똑똑한 기계도 삼촌이라는 창조자가 있으니, 로봇보다 더 뛰어난 인간에게도 신 같은 창조자가 있지 않을까?"

"우리 아빠가 창조자? 하, 그 말도 일리가 있기는 하네."

\*

우리는 모든 것을 다 경험할 수는 없습니다. 신이 있는지 없는지도 확인할 수 없죠. 그런데 마노는 자기가 알고 있는 로봇의 경우를 토대로 사람을 만든 신이 있지 않을까라고 논리적 추리를 했습니다.

이렇게 비슷한 것을 가지고 추측하는 논리적인 과정을 '유비 추리', 줄여서 '유추'라고 합니다. 우리가 새로운 무엇인가를 만들어낼 때 많이 사용하는 방법이죠.

생각해 보세요. 인류의 위대한 발견이나 발명이 어떻게 가능했을까요? 보통 사람들은 생각지도 못할 만큼 창의력이 뛰어나서일까요? 그렇다면 구체적으로 어떤 능력을 갖추고 있어야 창의적인 사람이 되는 걸까요?

사실 막연한 말입니다.

혹시 '무에서 유를 창조한다'는 말처럼, 완전히 처음 어떤 것을 생각해낸 사람을 떠올릴 수도 있을 거예요. 하지만 아무것도 없는 가운데 새로운 것을 만들어낼 수 있는 사람은 없습니다. 이미 알고 있거나, 알려진 것을 기반으로 새롭게 만들어가는 경우가 대부분이에요. 그러니 만약 주변에 창의력이 뛰어난 사람이 있다면, 유비 추리의 능력이 뛰어난 사람일 가능성이 높다고 할 수 있답니다.

★

"자동차를 탄생시킨 바퀴라는 것도 어느 날 갑자기 만들어진 게 아니야. 인류의 위대한 발견, 발명을 한 사람들이 최초로 뭔가를 했다고 해도, 실은 남들이 하지 않은 유비 추리를 했을 가능성이 크지. 마노 너도 그런 위인이 될 조짐이 보이는구나."

"와! 정말이에요?"

마노의 어깨에 잔뜩 힘이 들어갑니다. '내 실력 봤지?' 하는 표정으로 케일리와 로봇을 보는데요. 어쩐지 둘 다 못 미더운 것 같네요. 삼촌이 말을 이어갑니다.

"너희들은 아직 어려서 경험이 부족하지만, 앞으로 한 살 두 살 나이를 먹으면서 경험하는 게 많아질수록 유추할 수 있는 것도 많아질 거야. 또 어렵고 잘 모르는 게 있으면, 이미 알고 있는 쉬운 것에서 출발해 보는 것도 좋은 방법이지. 유추를 활용해서 말이야."

마노는 삼촌의 말뜻을 이해할 것 같았습니다. 마노도 로봇을 만나면서 난생 처음 '신이 인간을 만들었을까?' 하고 생각해 보게 되었으니까요.

"삼촌, 그러면 인간에게도 창조자가 있을 거라는 제 유추가 옳은 건가요?"

"그건 모르겠다. 유추라는 것도 경험을 바탕으로 하기 때문에 100% 완벽한 논리는 아니니까. 로봇을 근거로 사람을 만든 신이 있을 거라고 유추를 할 순 있지만, 꼭 그렇다고 장담할 수는 없어."

"아빠. 장난감 자동차 공장에서 충전 체크할 시간이에요. 그 얘기는 가서 해요."

"그럴까? 실은 요즘에 새로 개발 중인 장난감 자동차들이 있는데, 마노도 보면 좋아할 거야."

신이 난 삼촌과 케일리가 앞장서고, 마노도 로봇을 데리고 뒤따라갑니다. 이윽고 일행 모두 장난감 자동차 공장에 도착했습니다. 입구에서부터 어떤 활기가 전해져 옵니다.

마노가 좋아하는
다양한 자동차들이 전시되어
있고, 한쪽에는 실제와 똑같은
자동차 정비소도 보이는데요.

구석구석 둘러보는 삼촌의 얼굴에서는 뿌듯함이 느껴집니다.

"와! 요즘엔 커다란 장난감 자동차도 만드시네요."

"그래, 얼마 전부터 개발 중이란다. 너희들이 직접 타고 운전할 수 있는 것들도 있어."

"크기만 작지 진짜 자동차랑 똑같아 보여요."

"기본적인 원리는 진짜 자동차랑 똑같으니까."

"진짜 자동차랑 같은 원리면 엔진도 들어 있겠군요."

"물론이지. 마노가 유추를 정말 잘하는구나. 진짜 자동차에는 엔진이 들어 있다'는 걸 근거로, '장난감 자동차에도 엔진이 들어 있을 것이다'라고 유추를 했잖니."

"그러면 삼촌, 장난감 자동차도 기름이 연료겠네요?"

"아니, 그건 틀렸다. 장난감 자동차는 전기를 충전해서 움직이지. 안 그래도 지금 충전이 잘되고 있는지 체크할 시간이라 여기 들른 거야."

"아! 이번에는 왜 저의 유추가 틀렸을까요?"

"아까 말했잖니. 유추는 100% 완벽한 논리가 아니라서 틀릴 때도 많다고. 마노 너의 잘못이 아니야. 유추는 언제나 그렇게 틀릴 가능성이 있는 방법이란다."

장난감 자동차와 진짜 자동차는 닮았습니다. 로봇과

사람은 더 닮았지요. 하지만 '닮았다'는 것이지, '같다'는 것은
아닙니다.

★

"삼촌, 로봇도 유추를 할 수 있을까요? 로봇의 인공지능은
사람의 두뇌와 닮았잖아요."

"아직은 로봇에게 어려워. 100% 완벽한 논리가 아니면
인공지능이 이해를 못 하니까. 볼래? 애야, 로봇. '장난감
자동차는 진짜 자동차와 기본 원리가 같다', 이 말을
입력해."

"네, 입력을 완료했습니다. 장난감 자동차는 진짜
자동차와 기본 원리가 같습니다."

"그래. 그러면 그 정보를 근거로, 장난감 자동차에 대해
뭔가 유추해 봐."

"명령을 이해할 수 없습니다."

"장난감 자동차에 대해 네가 자유롭게 생각해서 아무거나
결론을 내보라고."

"명령을 이해할 수 없습니다. 원하는 바를 정확히 입력해 주십시오."

"아직은 이렇다니까."

삼촌이 어깨를 으쓱해 보입니다. 로봇은 빠르고 정확하지만, 정해준 논리대로만 생각하고 결론을 낼 수 있습니다. 자유롭게 생각하는 방법을 모르는 것이죠. 삼촌이 로봇의 머리를 쓰다듬으며 말을 이어갑니다.

"옛말에 '하나를 보면 열을 안다'는 속담이 있어. 로봇은 그런 능력은 없다고 봐야지. 하나를 보면 그 하나만 알지, 뭔가 더 유추는 못 하는 거야. 그래서 로봇은 속담도 이해를 못 한단다."

수많은 속담들 역시 생활 속의 어떤 상황을 그와 비슷한 다른 것과 연결 지어 본 거예요. 고사성어도 마찬가지죠. 속담과 고사성어 모두 선조들의 창의성이 담긴 유비 추리의 보물 창고라고 할 수 있습니다. 아직 로봇이 이해하기에는 어려운 것들입니다.

★

"역시 아직은 인간의 두뇌보다 부족하군요. 마치 모형 인간 같아요. 자동차를 흉내 내서 만들었지만, 자동차보다 어딘가 부족한 게 모형 자동차잖아요. 로봇도 인간을 흉내 내서 만들었지만, 인간보다 어딘가 부족하니까, 모형 인간 아닐까요?"

"모형 인간이라. 그거 재미난 표현이구나."

"아! 그러고 보니, 로봇에게 이름이 없는데요. '미니맨(Miniman)'이라고 이름을 지어주면 어떨까요?"

자동차 : 미니카(모형 자동차)
= 인간 : 미니맨(모형 인간)

"미니맨? 그건 무슨 뜻이니?"

"모형 자동차를 미니카(minicar)라고 부르잖아요. 그러니까 모형 인간인 로봇은 미니맨이 되는 거죠! 이것도 유추를 활용한 거예요."

"그래, 괜찮은 이름 같구나. 의미도 있고."

# ⑦ 가설 추리
# 로봇도 죽을까?

"마노 네가 직접 로봇에게 미니맨이라는 이름을 입력해 주지 그러니?"

"어떻게 하면 되죠?"

"간단해. 정보를 입력하듯이 로봇에게 '네 이름은 미니맨이다'라고 알려주면 돼."

"그렇군요. 로봇, 오늘부터 네 이름은 미니맨이야. 내가 지어준 거야."

"네, 오늘부터 제 이름은 미니맨입니다."

"미니맨! 대답해 봐. 네 이름은 뭐지?"

"네, 제 이름은 미니맨입니다."

"그래! 넌 미니맨이고, 나는 마노야!"

로봇에게 미니맨이라는 이름이 생기면서 마노는 미니맨과의 사이가 이전보다 가까워졌다고 느낍니다. 로봇도 감정을 느낄 수 있을까요? 확실하지는 않지만, 미니맨도 싫지는 않을 거라고 추측해 보는 마노입니다.

★

그 순간, 삼촌과 케일리의 스마트폰에서 갑자기 사이렌 소리가 울립니다. 무슨 일인가 싶어 두 사람이 동시에 스마트폰을 확인하는데요. 스마트폰에는 공장 시스템에

문제가 생겼을 때 자동으로 알려주는 앱이 설치되어
있습니다. 공장에 뭔가 문제가 생긴 모양이에요.
"아빠! 장난감 블록 공장에서 문제가 생겼나 봐요!"
"벨트 컨베이어가 고장 난 모양이야. 얼른 가봐야겠다."

삼촌과 케일리가 장난감 블록 공장으로 먼저 달려갑니다.
앞서 달려가던 삼촌은 슬리퍼가 벗겨지는 바람에 슬리퍼를
손에 든 채 뛰어갑니다. 마노도 뭔가 큰일이 났다 싶어
쫓아가려다 주춤하는데요. 돌아보니 걸음이 느린 로봇이
뒤뚱뒤뚱 따라오고 있습니다.

마노는 마음이 급합니다. 빨리 좀 오라는
마노의 성화에 미니맨도 발걸음을 재촉해 보는데요.
그만 계단에서 넘어져 나동그라지고 맙니다.
마노가 깜짝 놀라서 달려갑니다.
 "미니맨, 괜찮니? 다친 데는 없어?"
 "모르겠습니다."

마노가 부축해서 세워주자, 미니맨은 다시 걷기 시작합니다. 크게 다치지는 않은 듯한데, 어딘가 부자연스러워 보이네요. 미니맨을 혼자 두고 갈 수 없었던 마노는 미니맨과 속도를 맞춥니다. 천천히 걷느라 둘은 한참 뒤에야 장난감 블록 공장에 도착했습니다.

마노의 눈에 멈춰 있는 벨트 컨베이어가 보입니다. 삼촌이 이리저리 둘러보지만, 정확한 원인은 아직 찾지 못한 모양이에요. 삼촌과 케일리가 고장 원인에 대해 가정을 해봅니다.

"왜 벨트 컨베이어가 정지한 걸까? 가설을 세워보자."

### [ 삼촌의 가설 ]
기계의 다른 부분은 문제가 없어 보여.
벨트 컨베이어만 정지했어.
벨트 컨베이어의 모터가 고장 난 건 아닐까?

### [ 케일리의 가설 ]
전기 공급에 문제가 있는 것 같아요.
그저께도 전압 부족으로 벨트 컨베이어가 멈췄거든요.

케일리와 삼촌이 벨트 컨베이어가 멈춘 것을 보고 원인을 추측해 봅니다. 가설을 세워 원인을 추리하는 건데요. 케일리가 맞을 수도 있고, 삼촌이 맞을 수도 있고, 둘 다 틀릴 수도 있습니다. 그래서 가설을 세운 후에는 그 가설이 맞는지 검증이 필요합니다. 아직까지는 추측일 뿐이니까요.

"내 가설과 케일리의 가설을 검증하는 데는 차이가 있구나. 일단 내 가설은 맞는지 틀린지 지금 눈으로 확인할 수 있어."

삼촌이 곧장 벨트 컨베이어의 모터를 살펴보았습니다. 모터가 문제없이 움직이는 게 눈에 보입니다. 모터가 고장 났을 거라는 삼촌의 가설은 틀렸네요.

"전기가 부족하다는 케일리의 가설은 바로 검증할 수 없지. 눈에 보이는 게 아니니까. 어떻게 검증하면 좋을까? 그래, 마노. 네 옆에 조명 스위치 좀 켜 보겠니?"

마노가 스위치를 올리자 천장의 전등들이 한꺼번에 켜지며 밝게 빛납니다.

"흠, 실험 결과 케일리의 가설도 틀렸구나. 전기가 부족한 게 문제라면, 전등도 켜지지 않거나 빛이 약해져야 하는데, 저렇게 평소처럼 환하게 불이 들어오잖니. 그럼 대체 뭐가 문제지?"

삼촌의 가설처럼 직접 검증이 가능한 경우도 있지만, 케일리의 가설처럼 직접 실험하거나 검증이 어려운 경우가 대부분입니다. 그래서 과학자들은 일단 그 가설이 참이라고 가정을 합니다. 그리고 가설이 참일 경우 100% 발생할 수밖에 없는 구체적인 사건을 설정한 후, 그것을 대상으로 검증을 실행하는 것이죠. 만약 실험 등의 결과 그렇지 않다는 게 밝혀지면, 가설이 잘못됐다는 것이 증명되는 거니까요.

잠시 벨트 컨베이어를 둘러보던 마노가 외칩니다.

★

"여기서 으드득으드득 하는 소리가 나요. 벨트 컨베이어가 쇠를 씹어 먹고 있나 봐요!"
"어휴, 마노도 참. 벨트 컨베이어가 동물도 아니고, 입도 없는데 뭘 씹어 먹겠니? 가만, 아! 그 부분의 톱니바퀴에 문제가 생긴 것 같은데! 톱니바퀴 사이에 이물질이 껴서 그런 소리가 나는 거야!"

★

'벨트 컨베이어에서 으드득으드득 소리가 나는' 현상에

대해, 마노와 케일리는 그 이유를 각각 다르게 설명했습니다. 그렇다면 누구의 가설이 더 그럴듯한가요?

"음…… 어디 보자. 내 생각엔 케일리의 가설이 더 그럴듯한 것 같구나."

그럴듯한 가설일수록 개연성이 높다고 할 수 있습니다. 개연성은 100% 확실하지는 않지만, 아마 그럴 것 같다는 일종의 '가능성'입니다. 기계가 쇠를 씹어 먹고 있다는 마노의 가설은 아무래도 믿기 어려우니까요.

사실 마노도 아주 어릴 때부터 이런 가설 추리를 해왔습니다. 마노가 꼬마였을 때 크리스마스 아침에 눈을 뜨면 머리맡에 선물이 놓여 있었어요. 그때 꼬마 마노는 이렇게 생각했죠.

산타클로스 할아버지가 어젯밤에 다녀가셨나 봐.

그런 말도 안 되는 생각을 했다니, 마노는 얼굴이 화끈거립니다. 하지만 어디까지나 어렸을 때의 일이니까요.

또 어떤 날은 야구 글러브가 감쪽같이 없어져 범인을 찾느라 애를 먹었던 적도 있었습니다. 밥 먹는 것도 잊고 글러브를 가져간 게 누구인지 나름의 가설을 세워 추리를 했던 거예요. 끝내 야구 글러브를 찾지는 못했지만 말이에요. 사실 탐정이나 경찰은 늘 범인이 누구인지 가설을 추리하는 사람들이라고 할 수 있답니다.

이렇게 가설 추리는 귀납 논증의 한 종류이기 때문에, 추리한 결과가 반드시 맞는다는 보장은 없습니다. 최대한 그럴듯하게, 개연성이 높은 가설을 만들 수밖에 없죠.

과학의 발전은 이런 가설을 세우는 것에서 출발합니다.

뉴턴은 사과가 떨어지는 걸 보고, '지구가 사과를 잡아당기고 있다'고 생각했습니다. 당시로서는 전혀 그럴듯하지 않은, 개연성이 부족한 가설이었죠. 하지만 나중에 뉴턴은 실제로 지구가 사과를 끌어당기고 있다는 '만유인력의 법칙'을 발견해냈습니다.

하나의 추측, 가능성이 뉴턴과 수많은 과학자들의 연구와 검증을 거쳐 오늘날 법칙이 된 것이지요.

*

마노와 케일리도 나름의 가설을 세웠습니다.

"케일리가 새로 내놓은 가설은 아까와 달리 바로 눈으로 확인이 가능하구나. 직접 검증이 가능해."

케일리의 가설에 동의한 삼촌은 해당 톱니바퀴 부분을 해체합니다. 케일리의 가설대로 벨트 컨베이어의 톱니바퀴 사이에 이물질이 끼었는지 직접 확인할 차례니까요.

"이거 아빠가 잃어버렸다던 숟가락이잖아요! 또 공장에서 몰래 뭐 드신 거예요? 공장에서는 음식 잡수지 말라니까요!"

"벨트 컨베이어 옆에 숟가락을 잠깐 내려놓은 것뿐인데, 어쩌다 기계 속으로 빨려 들어갔는지 모르겠네."

삼촌이 멋쩍어하며 숟가락을 빼내자, 그제야 벨트 컨베이어가 정상적으로 돌아갑니다.

벨트 컨베이어 수리가 끝나고 상황이 정리되었을 때에야 마노는 비로소 미니맨 생각이 났습니다. 앗! 놀라서 미니맨을 돌아보니, 꼼짝도 않고 서 있네요. 다가가서 어깨를 툭툭 쳐 봐도 반응이 없습니다. 선 채로 죽어버린 걸까요?

마노는 이 모든 것이 자기 잘못이라는 생각이 듭니다.
울먹이기 시작하더니 끝내 '앙' 하고 울음을 터트리는데요.
블록 공장으로 급히 오던 중에 미니맨이 계단에서 굴렸던
일을 털어놓습니다.

"마노, 로봇은 죽지 않아."

삼촌이 마노를 다독이며 로봇을 수리해주겠다고 합니다.

마노가 울음을 멈추고 삼촌과 미니맨을 번갈아 바라봅니다. 미니맨의 다리에서는 연기가 나고, 오른쪽 팔이 빠졌으며, 전원도 들어오지 않는데 정말 죽은 게 아닐까요?

삼촌의 진단 결과 능력보다 급하게 걷느라 모터 과열로 다리에서는 연기가 나고, 넘어질 때의 충격으로 오른팔의 나사못들이 빠졌으며, 넘어질 때 계단 모서리에 찍히면서 허리의 전선이 반쯤 끊어졌습니다. 삼촌은 냉각수를 가져와 과열된 모터를 식혀주고, 오른쪽 팔의 나사못들을 다시 끼워줍니다. 이제 전원만 들어오면 됩니다.

★

"삼촌, 허리의 전선이 반쯤 끊어진 게 원인이 아닐까요?"
"음, 내 생각도 그래."

삼촌이 새 전선을 가져와 갈아 끼웁니다. 하지만 여전히 전원은 들어오지 않는데요. 난감한 표정으로 다시 미니맨을 살펴보던 삼촌의 얼굴이 순간 밝아집니다. 급히 어딘가로 사라지더니, 잠시 후 삼촌이 가져온 것은 '배터리'였습니다. 새 배터리로 갈아 끼우자 그제야 미니맨이 정상적으로 작동하기 시작합니다.

"끊어진 전선 때문이 아니라, 배터리가 다 닳았던 게 원인이라니. 이렇게 가설이라는 건 틀릴 때도 있는 법이지."

삼촌이 혼잣말을 중얼거리는 그때, 미니맨이 마노 쪽으로 몇 걸음 걸어와 멈춥니다. 죽은 줄 알았던 미니맨이 다시 살아났습니다. 역시 삼촌은 못 고치는 게 없는 신의 손을 가졌습니다.

마노는 미니맨을 와락 껴안습니다.

# ❽ 오류
# 어느 로봇이 더 뛰어날까?

한바탕 소동이 끝나고 모두 한숨을 돌립니다.
 마노와 미니맨, 삼촌은 장난감 블록 공장 바닥에 일렬로 앉아 사출기에서 생산되는 블록들을 구경하고 있어요. 사출기에서는 뻥튀기를 찍어내듯, 블록들이 하나씩 통통 튀어나옵니다.

 "기계가 오래되니까 불량률이 10%까지 올라갔어."
 "불량률이 10%면 많이 안 좋은 건가요?"
 "10%면, 열 개 중 한 개는 불량품이 나오는 거니까 많이 안 좋지. 기계를 바꿔야겠어."

불량품을 골라내는 케일리를 보며 삼촌은 의기소침합니다. 매일 새벽이면 시내의 가게로 장난감들을 보내야 하는데, 날마다 불량 블록들이 한 상자가 넘거든요.

마노도 덩달아 의기소침해져서는 사출기에서 튀어나오는 블록들을 '하나, 둘, 셋' 작은 소리로 세기 시작합니다. '아홉, 열, 열하나', 마노가 갑자기 큰 소리로 삼촌을 부르는데요.

"삼촌! 열 개 중 한 개가 불량품이라더니, 열한 개까지 불량품이 없어요! 열 번째에는 불량품이 나와야 하는 거 아니에요?"

우리는 세상을 살아가면서 어떤 일이 일어난 후 그다음에 일어날 일들에 대해 예측해야 하는 상황들을 자주 만나게 됩니다. 그런데 이때 무엇을 근거로 다음에 어떤 일이 벌어질지 예측할까요?

당연히 이것도 고려해야 하고, 저것도 고려해야 하겠죠. 그런데 이렇게 여러 가지 요인을 근거로 결론을 도출하는 과정에서 잘못을 저지를 수 있습니다. 사람이라서 100% 모든 요인을 고려할 수는 없기 때문인데요. 결국 논리적인 것 같은데 그렇지 않은 것이죠.

귀납 논증은 연역 논증과 달라서, 근거를 토대로 100% 옳은 결론을 내리는 논증은 아닙니다. 하지만 최대한 설득력 있는 결론을 내리기 위해 노력합니다.

그런데 이 중에는 얼핏 보면 설득력이 있는 것처럼 보이지만, 실제로는 그렇지 않은 것들이 많답니다. 이런 것을 두고 '오류를 범했다'고 합니다. 마노도 지금 오류를 범했네요.

★

마노는 아홉 번째까지 정상 제품이 나왔으니, 열 번째에는 불량품이 나올 거라고 생각했습니다. 마노의 결론이 설득력 있는 것처럼 보입니다. 하지만 첫 번째 블록이 불량품일 확률은 10%였습니다. 두 번째 블록이 불량품일 확률은 10%였습니다……. 그리고 열 번째 블록이 불량품일 확률도 여전히 10%로 똑같습니다. 그런데 마노는 앞의 결과가 다음번에 영향을 준다고 생각해 불량률을 잘못 적용한 것이죠. 이런 것을 '도박사의 오류'라고 합니다.

★

"아차차찻! 내 정신 좀 봐."

갑자기 뭔가 생각났다는 듯 삼촌이 따라오라는 손짓을 하며 밖으로 나갑니다.

삼촌을 따라간 곳은 로봇 개발실이에요. 삼촌이 구석에 놓인 선반에서 뭔가를 찾는 동안 마노는 로봇 개발실을 둘러봅니다. 이곳은 마노도 처음 와 보는 곳이에요. 삼촌의 장난감 공장에서 유일하게 베일에 싸인 곳이죠.

마노가 처음 보는 다양한 로봇들이 가득합니다.
개, 고양이, 원숭이 같은 동물 형태의 로봇도
있고요. 벌레처럼 걷는 로봇, 날갯짓하는
갈매기 로봇까지 없는 게 없네요.

한참 만에야 삼촌이 로봇 충전기와 예비 배터리를 들고 와서 마노에게 건네줍니다. 사용법을 알려주는데요.
"마노, 미니맨처럼 이족 보행인 경우엔 바퀴로 이동하는 로봇에 비해 배터리로 움직일 수 있는 시간이 짧단다."
삼촌의 말인 즉, 언제 또 미니맨의 전원이 나가 작동이 멈출 수도 있다는 것입니다. 그러니 그땐 울지 말고 배터리를 갈아 끼우라는 말이었습니다.
"알았어요, 삼촌. 와! 그런데 여기 있는 로봇들은 장난감 로봇들과는 좀 다르네요. 제 키보다 큰 로봇도 있고, 갈매기나 나비 로봇도 실물과 비슷하고요."
"로봇 개발실이니까. 미니맨도 여기에서 만들어졌단다."

*

마노가 눈을 빛내며 구석구석 둘러봅니다. 응? 로봇들 사이에서 낯익은 모습을 발견하는데요. 미니맨과 똑같이 생겼는데, 색깔만 검은 로봇이었습니다.
반가운 마음에 마노가 미니맨을 향해 소리칩니다.
"미니맨, 저거 봐! 너랑 똑같이 생겼어."
"똑같지 않습니다."
"에이, 내가 보기에는 똑같은데?"

"제가 보기에는 전혀 똑같지 않습니다."

미니맨은 냉랭한 목소리로 대답하더니, 삼촌 뒤로 몸을 숨깁니다. 멋쩍어진 마노가 다시 검은 로봇을 찬찬히 뜯어보는데요. 다시 보아도 미니맨과 쌍둥이처럼 똑 닮았습니다.

사실 삼촌은 검은 로봇(Black robot)을 먼저 만든 다음에 미니맨을 만들었습니다. 검은 로봇의 문제점을 보완해서 미니맨을 만들었던 것이죠.

"미니맨의 성능이 검은 로봇보다 더 뛰어나단다."

"그럼 미니맨의 기계 장치나 부품들이 훨씬 좋겠네요!"

"그건 아니야. 기계 장치나 부품들은 검은 로봇에 사용한 게 더 좋고 비싼 것들이야. 하지만 성능은 미니맨이 훨씬 뛰어나."

"미니맨의 성능이 더 뛰어나려면, 기계 장치나 부품들도 당연히 미니맨이 뛰어나야 하는 거 아니에요?"

★

마노만 혼란스러운 것 같지는 않네요. 우리 역시 마노처럼 생각할 때가 많으니까요. 둘 이상이 하나로 합해졌을 때, 반대로 하나가 둘 이상으로 나누어 쪼개졌을 때, 처음과 같은 속성을 지닌다고 생각해버리기 쉽습니다.

물론 처음과 같을 수도 있을 거예요. 하지만 반드시 그렇지만은 않습니다. 부품 하나하나는 검은 로봇이 좋을지라도, 부품들이 합해져서 만들어진 로봇의 전체 성능은 미니맨이 검은 로봇보다 뛰어나니까요. 그 반대도 마찬가지에요. 로봇의 전체 성능은 미니맨이 검은 로봇보다 뛰어나더라도, 부품을 하나하나 뜯어보면 검은 로봇이 좋을 수도 있는 것이죠.

이런 것을 두고 각각 '합성의 오류'와 '분할의 오류'라고 합니다. 우리가 흔히 저지르기 쉬운 논리적 오류들인데요.

어떤 대상에 대해 '부분이 이렇기 때문에 전체도 이럴 것이다', 또는 '전체가 이렇기 때문에 부분도 이럴 것이다'라고 이미 마음속에서 판단해버리는 것이죠. 둘 다 일종의 선입견이라고 할 수 있습니다.

깜빡하면 저지르기 쉬운 논리적 오류들은 이 외에도 아주 많답니다. 우리가 인식하지 못할 뿐인데요. 어쩌면 스스로 옳다고 생각했던 것들 중에도 실제로는 잘못된 것들이 있었을 수도 있습니다. 그래서 자신의 생각이 다른 사람들이 '객관적으로' 생각할 때도 올바른 것인지 한 번쯤 돌아볼 필요가 있답니다.

인간이라서 로봇이 할 수 없는 판단을 하고 추리도 할 수 있지만, 또 인간이라서 그만큼 실수를 저지르기도 쉬우니까요.

# ❾ 역설
# 로봇의 한계는 어디일까?

삼촌이 검은 로봇의 전원을 켜자 인공지능이 작동을 시작합니다. 겉으로 보기에는 미니맨과 비슷한데, 마노는 검은 로봇이 실패작이 된 이유가 궁금해졌습니다. 그것이 미니맨이 만들어진 이유가 될 테니까요. 삼촌은 검은 로봇의 인공지능이 논리적으로 '역설'적이라서 실패작이라고 알려줍니다.

★

"얘야, 검은 로봇. 아무 말이나 해 보렴."
"제가 하는 말은 모두 거짓말입니다."
"에이, 그런 말이 어디 있담? 그럼 검은 로봇, 네가 지금 한 말도 거짓말이잖아. 안 그래, 케일리?"
"그렇지. 그러면 '거짓말만 한다'는 것도 거짓말이니까, 검은 로봇이 하는 말은 다 참말이 될 테고. 그러면 거짓말만 한다는 게 참말이 되고……."

★

검은 로봇이 하는 말은 참말일까요, 거짓말일까요?

검은 로봇의 말이 참말이라면, "제가 하는 말은 모두 거짓말입니다"라는 말이 거짓말이라는 것을 인정해야 하고요. 또 검은 로봇의 말이 거짓말이라면, "제가 하는 말은 모두 거짓말입니다"라는 말은 참말이 되고 맙니다.

검은 로봇의 말이 참이든 거짓이든 간에 어느 쪽도 결과는 석연치가 않은데요. 결국 검은 로봇의 말이 참말인지 거짓말인지 명쾌하게 확인할 방법이 없습니다. 어떻게 그럴 수 있을까요?

우리는 생각을 말로 표현합니다. 언어로 표현하죠.

마노도 누군가의 말을 들을 때 그 말이 '말이 되는지, 안 되는지'를 나름대로 판단해 왔습니다. 이때 말과 말 사이의 관계를 따지는 것이 논리인데요. 논리적으로 문제가 없다면 마노는 그 말을 받아들였을 것입니다.

그런데 문제가 생겼습니다. 논리적으로는 이상한 점이 없지만, 현실에서는 있을 수 없는 정황들이 있었던 거예요.

이것이 검은 로봇이 실패작이 된 이유, 바로 역설(paradox)입니다. 거짓말쟁이가 거짓말을 했는데, 그 말이 참말이 된다는 것이 가능한가요? 이런 것을 두고 역설 중에서도 '거짓말쟁이의 역설'이라고 합니다. "제가 하는 말은 모두 거짓말입니다"라는 검은 로봇의 말처럼, 자기 자신이 거짓임을 말하는 문장을 인정하는 데서 생기는 역설이지요.

삼촌이 말을 잇습니다.

"미니맨의 인공지능은 검은 로봇보다 많이 나아져서 이 정도 역설에는 빠지지 않아. 하지만 여전히 논리적 역설에 한계가 있지."

궁금한 건 알아야 직성이 풀리는 마노입니다. 그 한계가 뭐냐고 물어보려는데, 삼촌이 마노의 등을 떠밉니다. 공장 창문 밖은 벌써 해가 저물기 시작했습니다.

"부모님이 걱정하실 텐데, 더 늦기 전에 집에 가야지?"

"알았어요, 삼촌. 갈 테니까 미니맨의 한계가 뭔지 알려주세요. 네? 안 그러면 저 오늘 밤에 잠을 못 잘 거예요."

삼촌이 잠시 생각하더니, 이런 제안을 합니다.

## [ 삼촌의 제안 ]

미니맨은 마노보다 10배 정도 걸음이 느리다. 미니맨과 마노가 같이 집으로 출발하면, 미니맨이 뒤쳐질 것이다. 미니맨에게 마노네 집 위치를 입력한 후, 먼저 마노네 집을 향해 출발하게 한다. 미니맨이 100m 정도 앞서갔을 때 마노가 출발한다. 그러면 걸음이 10배 빠른 마노가 적당한 위치에서 미니맨을 따라잡을 것이다. 거기서 둘이 만나 집에 함께 도착할 수 있다.


마노는 삼촌의 제안을 따라보기로 합니다. 미니맨이 혼자서 잘 걸을 수 있는지 실험도 할 겸 말이죠.

그런데 그때 미니맨이 이상한 말을 합니다.

"그건 불가능합니다. 마노는 절대로 저를 따라잡을 수 없습니다."

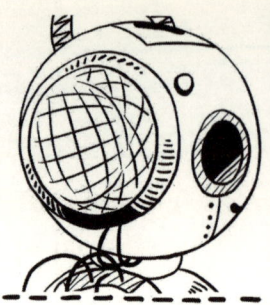

마노가 100m를 따라잡자 미니맨은 10m 앞으로 갔습니다.

마노가 1m를 따라잡자

마노가 10cm 따라잡자 미니맨은 1cm 앞으로 갔습니다. 따라서 마노는 영원히 미니맨을 따라잡을 수 없습니다.

[ 미니맨의 주장 ]

미니맨이 100m 앞서가고,
마노가 그 뒤를 쫓고 있습니다.
마노가 미니맨보다 10배 빠르다고 합니다.

마노가 10m를 따라잡자
미니맨은 1m 앞으로 갔습니다.

미니맨은 10cm
앞으로 갔습니다.

미니맨의 걸음이 아무리 늦더라도 마노가 원래 미니맨이 있던 곳까지 따라왔을 때, 그동안 미니맨은 얼마쯤 전진해 있을 거예요. 다음에 마노가 다시 미니맨이 있던 두 번째 지점까지 왔을 때도, 미니맨은 그래도 얼마쯤은 전진해 있을 테고요. 이렇게 계속되기 때문에 마노가 아무리 열심히 쫓아가도 절대 미니맨을 따라잡을 수 없다는 이야기였는데요.

"삼촌, 정말 이상해요. 미니맨의 결론이 분명히 틀렸는데, 논리적으로 어디가 잘못된 건지 도저히 못 찾겠어요."

"마노 네가 찾기에는 쉽지가 않지. 그게 미니맨이 가진 인공지능의 한계란다."

이것 또한 역설에 해당합니다. '운동의 역설'이라고 하는데요. 미니맨이 이런 주장을 하는 이유는, '공간'이라는 것이 끝없이 쪼개질 수 있다고 생각하기 때문이에요. 쪼개지고 또 쪼개지고, 무한하게 말이죠.

여러분들의 생각은 어떤가요?

우리는 생각을 말로 표현할 수밖에 없고, 또 생각조차도 말로 합니다. 그만큼 말에 의존하면서 살고 있지요. 학자들은 '말'을 분석하고 연구하면 수학에서 수를 다루는 것처럼, 말을 다룰 수 있다고 믿었습니다. 논리학은 그런 노력의 결과물입니다.

하지만 쉽지 않다는 것도 알게 되었죠. 언어로 모든 것을 완벽하게 표현할 수는 없기 때문이에요. '쪼개지고 또 쪼개지고, 무한하게 말이죠.'역설은 우리가 사용하는 언어가 가진 한계를 잘 보여주는 사례라고 하겠습니다. 우리가 당연하고 상식적이라고 생각했던 것들에서도, 논리적인 허점을 발견할 수 있음을 알게 해준 것이죠.

삼촌이 미니맨의 어깨를 다정하게 두드리며 말합니다.

"미니맨의 역설은 아직 해결을 못 했구나. 마노 네가 미니맨의 역설이 틀렸다는 걸 직접 가르쳐줄래?"

"좋아요! 자, 미니맨. 네가 틀렸다는 걸 내가 직접 가르쳐줄 테니까 가자."

\*

마노는 미니맨을 데리고 공장 밖으로 나옵니다. 삼촌과 케일리에게 작별 인사를 한 후, 미니맨에게는 마노 자신의 집 좌표를 입력합니다. 미니맨이 앞서가다 길을 잃으면 안 되니까요. 그리고 삼촌의 제안대로 미니맨을 먼저 출발하도록 했습니다. 100m 정도 미니맨이 앞서가도록 한 뒤에야 마노가 출발합니다.

미니맨은 뒤도 돌아보지 않고 제 속도를 유지하며 앞서갑니다. 그래 봤자 걸음 속도가 느린 미니맨쯤이야

금세 따라잡을 수 있을 거예요.

그리고 얼마 못 가 마노가 미니맨의 어깨를 붙잡았습니다. 공장에서 고작 110m 남짓한 위치였어요.

"거봐! 미니맨 네가 틀렸다니까!"

"이럴 수는 없습니다. 논리적이지 않습니다. 마노는 저를 따라잡을 수 없어야 합니다."

"미니맨, 너 무슨 사춘기야? 왜 이리 고집이 세고, 반항이 심하니?"

"사춘기란 무엇입니까?"

"정확히는 나도 잘 몰라. 어린아이에서 어른이 되는 중간 시기라고 하는데, 어른들은 내가 곧 사춘기가 될 나이라고 하더라. 그런데 미니맨 너도 하는 행동을 보면 꼭 사춘기 같거든."

"저는 아직 인공지능이 미숙한 로봇입니다. 그러나 저는 미래에 점점 더 완벽한 로봇으로 성장할 것입니다. 그러면 저도 중간 시기의 사춘기입니까?"

"그래, 그런 것 같다. 우린 사춘기 친구네."

둘은 가지런한 벽돌 길을 지나고 성당을 지나, 상점들이 하나둘 불을 켜기 시작하는 마을 거리를 지나갑니다. 미니맨을 본 엄마 표정을 상상하니, 벌써부터 신이 나는 마노입니다.

"얼른 가자, 미니맨. 엄마가 널 보면 깜짝 놀라실 거야."

## ⑩ 논리 퀴즈
# 로봇은 성장할까?

미니맨이 마노의 집에서 함께 살게 된 지 몇 개월이 흘렀습니다. 그사이 키가 훌쩍 자란 마노와 달리, 미니맨은 그대로입니다. 이제 친구라기보다는 미니맨이 동생처럼 보이네요.

  하지만 미니맨의 인공지능은 실생활 경험의 데이터가 누적되면서 더욱 발달했습니다. 삼촌이 몇 차례 인공지능에 업그레이드까지 시켜줬고요.

  미니맨도 많이 달라졌습니다.

  처음에는 세상에 대해 아는 게 없더니 이젠 옛날의 미니맨이 아닙니다. 인간은 일기를 왜 쓰느냐, 그냥 두뇌에 저장하면 안 되느냐 등등 엉뚱한 '질문'만 했었지만, 지금은 마노에게 '퀴즈'를 내는 형태로까지 발전했으니까요. 놀아달라고 떼쓰는 여동생보다 더 귀찮을 때가 많답니다.

  "오늘도 제가 재미있는 논리 퀴즈를 만들었습니다. 마노는 정답을 맞히십시오."

  "제발, 퀴즈 좀 그만 만들라고! 처음 왔을 때는 말 같지도 않은 질문만 하더니, 이제는 날마다 퀴즈 타령이야."

  "맞히셔야 합니다. 마노, 케일리, 삼촌 세 사람이 있습니다. 마노는 언제나 거짓말을 합니다. 케일리와 삼촌은 참말만 합니다."

  "왜 내가 거짓말만 해?"

  "퀴즈에서 예를 들면 그렇다는 것입니다. 계속 들어

보십시오. 장난감 공장에 마노, 케일리, 삼촌 세 사람만 있던 날, 세 사람 중 누군가 벽에 낙서를 했습니다. 낙서 밑에는 '이 낙서는 삼촌이 하지 않았다'라고 적혀 있습니다. 그렇다면 세 사람 중 낙서를 한 범인은 누구입니까?"

"설마 내가 범인이라는 건 아니겠지? 기다려 봐."

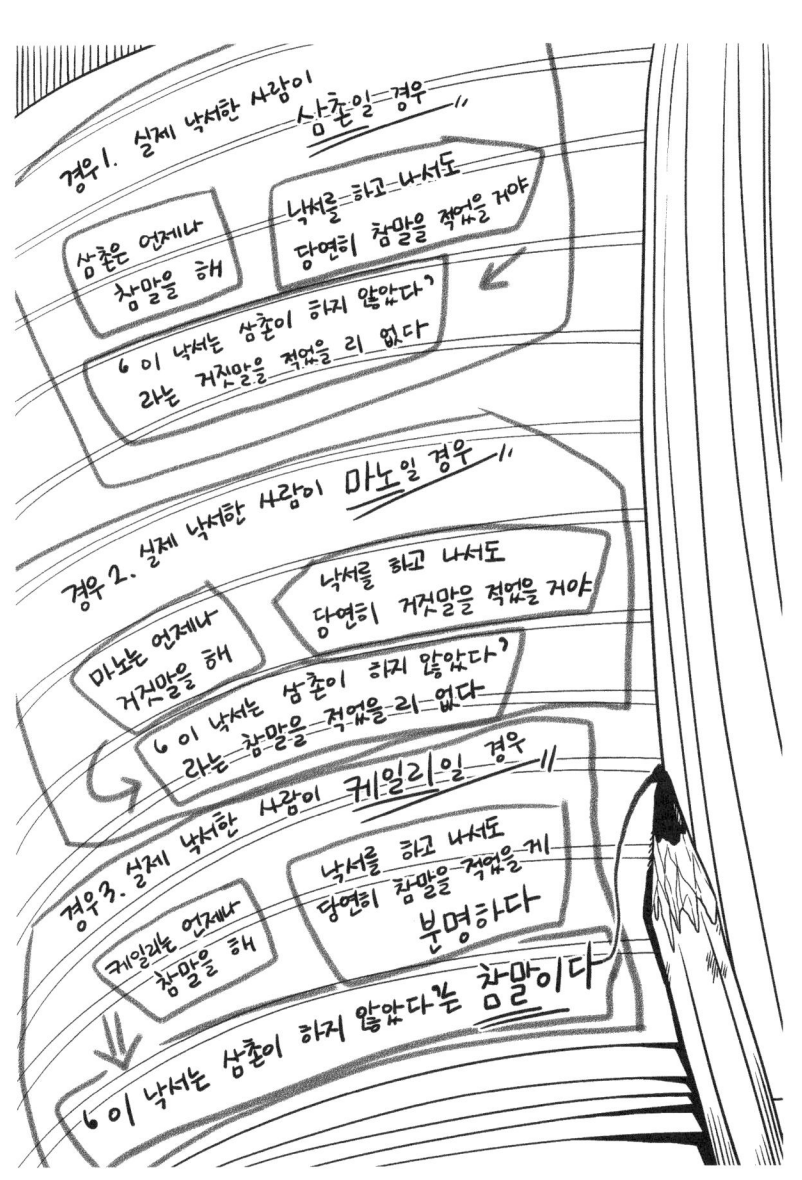

"범인은 케일리네!"

"맞습니다. 이유를 설명해 보십시오."

"별로 어렵지 않지. 경우의 수를 나눠 모순되는 것을 없애가면서 범인을 알아냈지!"

"완벽한 설명입니다. 100점 드리겠습니다. 그럼 다음 퀴즈입니다."

"뭐야? 퀴즈가 또 있어?! 그만 좀 하라니까."

"여기, 퀴즈를 내려고 준비한 카드를 보십시오."

"하! 이제는 퀴즈 내려고 준비물까지 가져오는군! 그래, 무슨 퀴즈인지 들어나 보자."

"네 장의 카드가 있습니다. 개 그림, 고양이 그림, 하얀색, 검은색 카드입니다. 이때 카드 앞면은 개 혹은 고양이 그림, 카드 뒷면은 하얀색 혹은 검은색입니다."

"응, 네 장의 카드가 있어."

"삼촌이 말했습니다.
'이 카드들은 앞면이 개 그림이면 뒷면은 하얀색이다'
삼촌의 말은 참말입니까? 거짓말입니까? 단, 선택한 후에 뒷면을 확인해 볼 수 있는 카드는 두 장뿐입니다. 네 장 중 어떤 카드들을 선택해야 참말인지 거짓말인지 확인할 수 있겠습니까?"

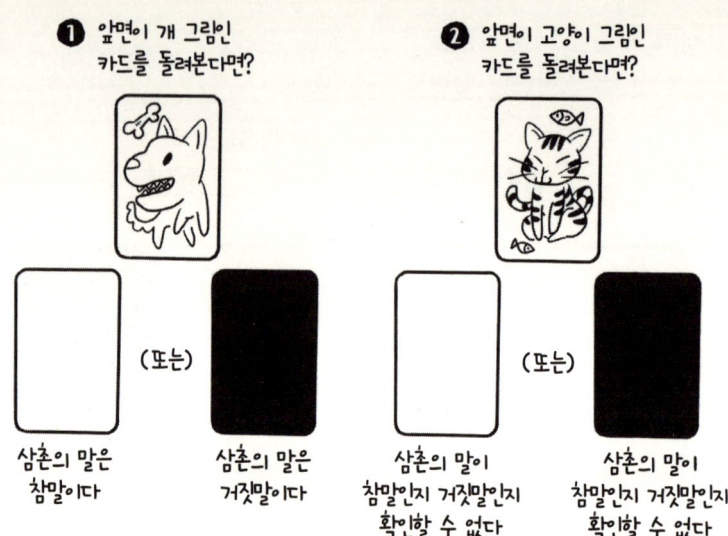
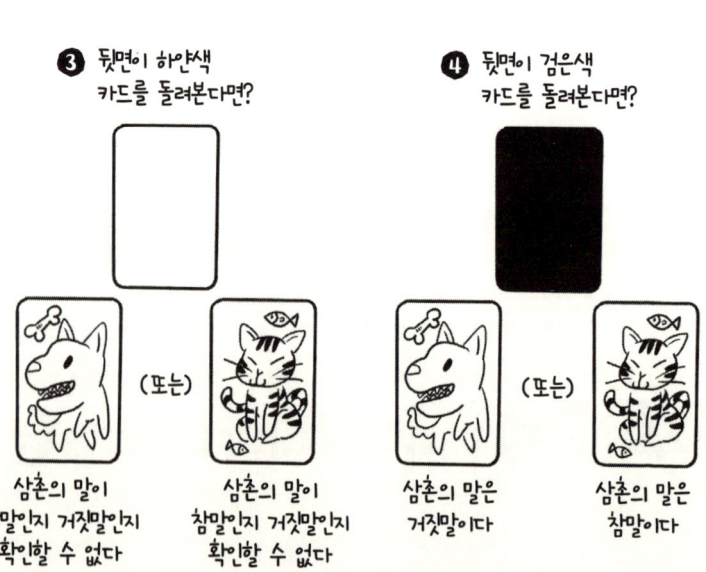

삼촌의 말 :

**앞면이 개 그림이면 뒷면은 하얀색이다**

⇨ **A라면 B다**

마노의 풀이 :

**뒷면이 하얀색이 아니라면 앞면은 개 그림이 아니다**

⇨ **B가 아니라면 A가 아니다**


이렇게 저렇게 추리해 보던 마노는 자신 있게 카드 두 장을 선택합니다. 앞면이 개 그림인 카드, 뒷면이 검은색 카드.

"맞았지?"

"100점 드리겠습니다. 그럼 오늘의 마지막 퀴즈입니다."

"그래, 마지막이라니 들어나 보자."

"장난감 공장에서 기념사진을 촬영하는 날입니다. 마노, 케일리, 삼촌, 미니맨, 검은 로봇이 함께 사진에 나올 겁니다. 미니맨을 가운데 두고 양쪽에 마노와 케일리가 설 것입니다."

"왜 너를 가운데 두고, 나랑 케일리가 양쪽에 서니?"

"두 사람이 저를 좋아하기 때문입니다."

"어휴, 점점 이상한 생각만 하는군. 그래, 그렇다 치고."

"일행 중 가장 키가 작은 케일리가 너무 가장자리에 서면 눈에 잘 띄지 않을 겁니다. 그래서 케일리는 키가 큰 검은 로봇보다 중간 쪽에 서기로 합니다."

"그래, 조그만 케일리가 가장자리에 서면 균형이 안 맞을 거야. 검은 로봇보다는 가운데 쪽에 서는 게 좋겠지."

"삼촌과 검은 로봇은 바로 옆에 붙어서 찍을 겁니다."

"응, 삼촌은 검은 로봇이랑 친한 거 같더라. 사진도 둘이 붙어서 찍을 거 같아."

"그럼 퀴즈입니다. 다음의 다섯 가지 예상 중 확실히 참말인 것을 고르십시오."

❶ 삼촌과 케일리는 바로 옆에 설 것이다.
❷ 검은 로봇은 마노의 바로 옆에 설 것이다.
❸ 케일리는 맨 끝 가장자리에 설 것이다.
❹ 검은 로봇 바로 옆에 미니맨이 설 것이다.
❺ 미니맨은 한가운데나 맨 끝에 서지 않을 것이다.


마노는 퍼즐을 맞춰가듯, 이리저리 자리를 배치해 봅니다.

**조건1. 미니맨을 가운데 두고 양쪽에 마노와 케일리가 선다.**

조건1. 미니맨을 가운데 두고 양쪽에 마노와 케일리가 선다.

조건2. 키가 가장 작은 케일리는 키가 가장 큰 검은 로봇보다 중간 쪽에 선다.

조건1. 미니맨을 가운데 두고 양쪽에 마노와 케일리가 선다.
조건2. 키가 가장 작은 케일리는 키가 가장 큰 검은 로봇보다 중간 쪽에 선다.
조건3. 삼촌과 검은 로봇은 바로 옆에 붙어서 찍는다.

"정답은 5번이네. 설명도 해줘?"
"설명은 됐습니다! 마노는 오늘의 퀴즈를 모두 통과했습니다."

미니맨 덕분인지 마노의 실력이 부쩍 늘었군요.
이렇게 몇 가지 조건을 주고, 그 조건을 토대로 100% 참이 될 수밖에 없는 것을 물어보는 문제를 논리 퀴즈라고 합니다. 근거를 토대로 100% 옳은 결론을 내려야 하는 것이죠. 그래서 논리 퀴즈는 귀납 논증이 아닌, 연역 논증의 방식으로 풀어가야 합니다.

연역은 수학과 비슷합니다. 수학 시험을 볼 때 정답은 하나죠. 정답이 이럴 수도 있고 저럴 수도 있는 것은 수학 문제가 아닙니다. 논리 퀴즈도 마찬가지에요.

이런 논리 퀴즈를 풀 때 적용되는 몇 가지 방식이 있는데, 마노가 잘 보여줬습니다. 경우의 수를 나눈 후에 모순되는 것들을 차례차례 제거해 나가거나, 문장의 가정과 결론을 바꿔 보거나, 퍼즐을 맞춰가듯이 이러저러하게 시도해 보는 것입니다.

앞으로 다른 문제들을 접할 때 도움이 될 거예요.

"그럼 내일의 퀴즈를 기대해 주십시오."

"뭐, 뭣?! 내일 또 퀴즈를 만들어 오려고? 제발 그러지 말라니까! 귀찮다고!"

"마노는 사춘기입니까? 왜 이렇게 반항이 심합니까?"

"지금 그게 로봇이 인간한테 할 소리냐? 나랑 싸우고 싶어?"

"화를 내지 말고, 논리적으로 이야기하십시오. 싸우지 마십시오. 논리적인 대화로 해결하십시오."

"아! 뭐 이렇게 얄미운 로봇이 다 있어! 으아아아!"

# 「논리 체험」 콘텐츠 의도

선생님과 부모님이 보세요!

"넌 논리적이야"라는 말을 들으면 기분이 좋습니다. 똑똑하다, 공부 잘하겠다는 의미로도 들립니다. 수학이나 논술 학원에서도 '논리'라는 말을 강조하지요. 그런데 수학에서의 논리와 논술에서의 논리가 다르다는 것을 아는 사람은 많지 않습니다. 또 주변에서 볼 수 있는 어린이나 청소년을 위한 논리 책들 역시 아쉽게도 논리학의 기초 지식을 전달하는 데 그치는 경우가 많고, 그 중에는 실제 생활에 적용되지 않는 것들도 많습니다.

어린이들이 늘 들어왔던 '논리'라는 게 무엇인지를 생각해 보고, 일상생활 속 문득문득 드는 생각에 도움이 되는 논리를 배울 수 있다면 좋을 것입니다. 그래서 이 책은 '논리적인 생각'의 열 가지 방법을 체험할 수 있도록 콘텐츠를 구성했습니다.

## 1. 논리와 논증

현대 언어 철학자들은 "사람은 스스로 사용하는 말을 벗어나는 사고를 할 수 없다"라고 이야기합니다. 이들은 '생각보다 말이 먼저'라고 주장할 텐데요. 하지만 아이들에게 물어보면 대체로 '생각이 먼저'라고 답합니다. 이 장에서는 아이들에게 말이 먼저인지 생각이 먼저인지 고민해 보도록 하여, 논리적인 생각과 논리적인 말에 대한 주의를 환기하고자 했습니다.

## 2. 정합

철학에서 다루는 진리론에는 '진리 정합설'이 있습니다. 우리는 옳다고 믿는 것과 정합적인 것을 진리로 받아들이는 경향이 있다는 것이지요. 아이들도 앞으로 살아가면서 '옳다고 믿는 것'들이 생기고, 그 믿음과 정합적인 것들을 받아들이게 될 것입니다. 그러다 어느 날인가 자신이 옳다고 믿었던 것이 옳지 않다고 생각되는 순간이 올 수도 있습니다. 아이들이 그 순간을 미리 체험해 보기를 바랐습니다. 그러면 좀 더 겸손하고 깊이 있게 생각하는 자세를 키울 수 있을 것입니다.

## 3. 삼단 논법

아리스토텔레스는 사람들의 현란한 말솜씨에 속지 않기 위해 '연역 논증'을 만들어냈고, 그 대표적인 것이 삼단 논법입니다. 삼단 논법을 통해 말과 말 사이의 필연적인 관계를 체험하게 합니다.

## 4. 딜레마 논법

대표적인 소피스트인 프로타고라스의 논법을 소개합니다. 이 논법도 근거들을 토대로 100% 결론이 도출되기 때문에 연역 논증에 해당합니다. 더불어 같은 방식으로 반박할 수 있는 사례를 통해 아이들에게 말이라는 것이 이런 묘한 능력이 있다는 것을 알려주고자 했습니다.

## 5. 귀납

"아는 것이 힘이다"라는 말을 남긴 베이컨은 아리스토텔레스의 삼단 논법을 비판했습니다. 삼단 논법, 즉 연역 논증과 같은 방식으로는 새로운 내용을 이야기할 수 없다는 것이 그 이유였는데요. 근거를 토대로 100% 옳은 결론을 내면, 근거에 이미 들어 있는 내용을 반복할 수밖에 없다는 것이었습니다. 그래서 베이컨은 근거를 토대로 새로운 결론을 이야기해야 인류의 문명이 발전할 수 있다고 주장했습니다. 이런 '귀납'의 방식을 체험하게 합니다.

### 6. 유비 추리(유추)

유추도 귀납의 한 종류입니다. 윌리엄 페일리가 시계와 시계공의 비유를 통해 보여준 신 존재 논증은 아주 뛰어난 유추의 예에 해당합니다. 시계공보다 더 똑똑하고 이성적인 누군가, 즉 신이 세상을 제작한 것이 틀림없다는 '지적 설계론'이었는데요. 이는 많은 유신론자들의 환호를 받았습니다. 하지만 리처드 도킨스와 같은 무신론자의 비판을 받게 됩니다. 이 장에서는 유추를 통해 아이들의 창의력을 끌어올리고자 했습니다.

### 7. 가설 추리

자연과학이든 사회과학이든 과학은 가설을 세우고 그것을 검증하는 과정을 거칩니다. 이 장에서는 아이들이 가설을 추리하는 경험의 기회를 제공하고자 했습니다.

### 8. 오류

일상생활에서 잘못된 결론을 당연한 것으로 받아들이는 경우들을 소개했습니다. 이를 통해 설득력 있는 말을 구사할 수 있는 시야를 키워주고자 했습니다. 책에서는 '도박사의 오류', '합성의 오류', '분할의 오류'를 다루고 있습니다.

## 9. 역설

논리학은 말의 관계를 가지고 이러쿵저러쿵 이야기하는 것입니다. 그런데 이런 '말'에 대한 학문인 논리학이 해결하는 데 어려움을 겪었던 문제들을 다루어 보았습니다. '거짓말쟁이의 역설'과 '운동의 역설'을 통해 아이들에게 우리가 사용하는 언어는 한계를 가지고 있음을 알려주고자 했습니다.

## 10. 논리 퀴즈

논리 퀴즈는 수학과 다르지 않고, 실제로 수학경시대회 같은 곳에서도 자주 활용됩니다. 수학도 문제에서 주어진 조건들을 가지고 풀면 답이 나오게 되어 있습니다. 즉 연역적인 풀이 과정입니다. 두 번째 퀴즈는 '원래 명제'와 '대우 명제'가 같다는 점을 활용해 풀면 되는데요. 대우 명제의 개념은 아이들이 논리에 대해 좀 더 궁금해 할 때, 차츰 알아가면 될 것입니다. 이 장에서는 재미있는 사례를 통해 답을 찾아가는 과정을 체험할 수 있도록 했습니다.

# 『천재들의 생각법』 기획 의도

인문학카페는 2012년부터 서울시 공익활동지원 사업으로 〈모모의 생각노트_ 엄마랑 아이랑 인문학자와 생각연습〉이라는 프로그램을 진행했습니다. 이 프로그램을 통해 아이들은 다양한 생각들을 실제 따라해 본 뒤, 각자의 생각과 느낌을 토론했습니다. 이후 지속적으로 젊은 인문학자들과 함께 '생각 체험'을 위한 콘텐츠를 개발해 오고 있습니다. 인문학카페가 이러한 시도를 하게 된 이유는 무엇일까요?

자녀 교육을 위해 여유가 생기면 세계 대백과사전을 한 질 장만하던 시절이 있었습니다. 하지만 지금은 스마트폰 안에 백과사전이 들어 있고, 수많은 실시간 정보까지 볼 수 있는 시대입니다. 그러니 정보를 머릿속에 주입하는 것보다, 그 정보를 가지고 어떻게 생각하고 판단할 것인가에 대한 교육이 필요한 시대입니다.

그런데 도대체 그 '생각'이라는 것을 어떻게 교육할 수 있을까요? 지식은 전달하면 되지만, 생각은 스스로 해야 하고 특정한 방법을 강요할 수도 없습니다. 예를 들어 자연 체험을 하면, 산을 좋아하는 사람이 있는가 하면 바다를 좋아하는 사람이 있습니다. 역사 체험을 하면, 유적지를 좋아하는 사람이 있는가 하면 현대적인 장소를 좋아하는 사람이 있습니다. 그렇다면 생각 체험은 어떨까요? 마찬가지로 어떤 것이 더 좋은 생각이라는 답은 없습니다.

인문학카페는 이 문제에 대해 인문학자들과 함께 오랫동안 고민했습니다. 그리고 '다양한 생각을 체험하고 그 생각을 따라해 보는 것'이 가장 효과적인 생각 교육이라는 결론을 내렸습니다.

예를 들어 데카르트의 생각을 체험하고 그 생각을 따라해 봅니다. 또 니체의 생각을 체험하고 그 생각을 따라해 봅니다. 다양한 생각을 체험한 아이들은 어떤 생각을 더 좋아할 수도 있고, 또 싫어할 수도 있습니다. 이렇게 평소 경험해 보지 않은 새로운 생각들이 아이들의 두뇌를 자극하고, 그러면서 아이들은 자기만의 생각을 발전시켜 나갈 수 있는 것입니다.

『천재들의 생각법』시리즈는 이러한 고민과 노력의 결과를 담았습니다. 인문학자들이 제공한 소중한 '생각'들을 이야기와 그림을 통해 아이들이 즐겁게 체험할 수 있게끔 했습니다.『천생법』시리즈를 통해 아이들은 생각의 근육을 키울 것입니다. 운동을 하면 근육이 발달하듯이, 다양한 생각들을 체험하는 가운데 눈에 보이지는 않지만 생각의 근육이 단단해질 것입니다.

이를 통해 인문학카페가 기대하는 목표는 단 하나, 우리 아이들이 생각할 줄 아는 사람으로 성장하는 것입니다.

사회적기업 인문학카페 대표 **이관호**

**스토리 임시혁**
인문학을 공부하는 사람이 되고 싶었으나 글 쓰고, 그림 그리고, 노래 부르고, 노는 게 너무 좋아 공부는 포기. 시나리오 작가, 번역가, 만화가, 게임 개발자 등으로 활동했습니다. 지금은 대도시를 떠나 귀농해 농사도 짓고, 로봇도 만들며 놀고 있습니다. 대학 시절 철학과 논리학 강의 시간에 논리적 문제에 대해 공과대학과 인문대학 학생들이 사뭇 다른 방식으로 접근하고 답을 냈던 경험을 떠올리며, 모든 학문의 접점에 있는 논리학을 인간과 기계가 함께 있는 공간, 인문학과 이공학이 공존하는 '장난감 공장'으로 가져왔어요. 여기에 로봇을 만든 경험을 살려 '인공지능 로봇'을 논리와 연결했습니다.

**일러스트 김초롱**
한때는 수의학과 건축학에 관심을 가졌던 '수학소녀'였으나, 이야기와 그림이 더 좋아 만화를 전공했습니다. 정체되는 것을 싫어하고 다른 일에도 관심이 많아 홀로그램 디자이너, 바리스타 등 다양한 이력을 가졌습니다. 그래도 가장 즐거운 때는 만화를 그리는 시간. 어린이들이 논리적인 생각들을 쉽고 재미있게 이해할 수 있도록 진지하게 고민하고, 자유롭게 생각하면서 이야기 속에만 존재하던 마노와 미니맨, 삼촌과 케일리의 모습을 만들어냈습니다. 제가 그린 그림과 함께 아이들이 '논리'를 신나는 '놀이'처럼 즐길 수 있었으면 합니다. 이 책이 재미있는 놀이터가 되기를 바랍니다.

**콘텐츠 사회적기업 인문학카페**
인문 대중화를 목표로 시민들과 함께 인문고전을 읽어가는 〈고독(古讀)클럽〉을 운영하고 있으며, 초등학생과 중학생을 대상으로 공공 교육기관에서 인문학 교육을 시행하고 있습니다. 그리고 이러한 현장 경험을 바탕으로, 한국을 대표하는 젊은 인문학자들과 함께 어린이들이 '생각을 체험하고 연습'할 수 있게끔 도와주는 콘텐츠를 개발하고 있습니다. 2013년 더착한서울기업에 선정되었으며, 현재 서울시 공익활동지원사업을 수행 중입니다.

사회적기업 인문학카페가 젊은 인문학자들과 함께
어린이를 위해 준비한 책임 있는 인문학 교육 프로그램!
『천재들의 생각법』 시리즈는 계속됩니다.

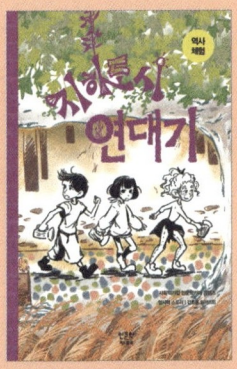

『천재들의 생각법』 역사 체험

『천재들의 생각법』 철학 체험